高中语文教学策略
与课堂实施研究

王晓民 ◎ 著

中国出版集团
中译出版社

图书在版编目（CIP）数据

高中语文教学策略与课堂实施研究 / 王晓民著.
北京：中译出版社, 2024. 6. -- ISBN 978-7-5001
-8006-7

Ⅰ. G633.302

中国国家版本馆CIP数据核字第2024ZJ5497号

高中语文教学策略与课堂实施研究
GAOZHONG YUWEN JIAOXUE CELÜE YU KETANG SHISHI YANJIU

出版发行 / 中译出版社
地　　址 / 北京市西城区新街口外大街28号普天德胜大厦主楼4层
电　　话 /（010）68359827, 68359303（发行部）；68359287（编辑部）
邮　　编 / 100044
传　　真 /（010）68357870
电子邮箱 / book@ctph.com.cn
网　　址 / http://www.ctph.com.cn

策划编辑 / 于建军
责任编辑 / 于建军
封面设计 / 蓝　博

排　　版 / 雅　琪
印　　刷 / 廊坊市文峰档案印务有限公司
经　　销 / 新华书店

规　　格 / 710毫米×1000毫米　　1/16
印　　张 / 11.5
字　　数 / 200千字
版　　次 / 2025年5月第1版
印　　次 / 2025年5月第1次

ISBN　978-7-5001-8006-7　　　　　　　　**定价：78.00元**

前　言

在当今快速变化的社会中，语文教育扮演着至关重要的角色。高中语文课程不仅仅是传授语言知识，更是培养学生综合素养和人文情怀的重要平台。《高中语文教学策略与课堂实施研究》一书问世，为我们提供了一份宝贵的指南，探讨了高中语文教学的理论基础、课程设置与目标、教学内容与资源选择、教学方法与手段、学生学习策略与个性化教学、课堂教学设计与实施，以及语文评价与考试改革等方面。

语文教学作为一门复杂而又深刻的艺术，其理论基础与实践相辅相成。在这本书中，我们不仅可以深入了解语文教学的概念、特点以及发展历程，还可以从心理学和教育学的角度审视语文教学的基础。这种综合性的分析使我们能够更好地理解语文教学的本质，为我们的教学实践提供了深刻的指导。

课程设置与教学目标是语文教学的重要组成部分。本书对高中语文课程设置的理论依据进行了深入的剖析，并针对目前存在的问题进行了探讨。通过分类与层次化的教学目标确定方法，我们可以更好地引导学生，使他们在语文学习中实现全面的发展。

语文教学内容与资源选择是语文教学中的关键环节。书中对语文教学内容的分类、教学资源的利用以及资源评价提出了宝贵的经验和建议。这些方法的灵活运用可以丰富我们的教学手段，使学生在语文学习中获得更多的启发与收获。

教学方法与手段的选择直接影响着教学效果。在本书中，我们不仅可以了解传统与现代语文教学方法的特点与应用，还可以深入探讨多媒体技术在语文教学中的运用。这些方法的创新与实践为我们提供了丰富多彩的教学路径，使我们的教学更加生动有趣。

学生学习策略与个性化教学是语文教学的重要内容。本书系统地介绍了学生学习策略的培养与引导方法，以及个性化教学的理论基础与实施策略。这些方法的运用可以更好地满足不同学生的学习需求，实现教育的个性化发展。

课堂教学设计与实施是语文教学的核心环节。书中详细讨论了语文课堂教学设计的原则、类型与实例，以及教学实施中的注意事项与技巧。这些经验的总结与分享为我们提供了宝贵的教学参考，使我们的课堂教学更加高效、有序。

语文教学评价与考试改革是语文教学的重要议题。本书对高中语文评价的方法与工具、标准与准则，以及考试改革的方向与措施进行了系统化探讨。这些观点的交流与分享将为我们的教育实践提供新的思路与启示，推动语文教育的不断创新与发展。

总之，本书的出版为语文教学提供了重要的参考和指导，对于语文教师而言，是一份实用的教学资源。通过大家的不断努力，语文教学有望实现进一步提升和发展。

尽管本书在编写过程中力求详尽、严谨，但由于时间和水平有限，书中难免存在不足与疏漏之处，恳请广大读者批评指正。

作者
2024 年 5 月

目　录

第一章 语文教学的理论基础

第一节 语文教学的概念与特点

一、语文教学的本质

语文教学作为学科教学的重要组成部分，其本质在于传授语言文字知识，并培养学生的语文能力和素养。这包括以下三个方面。

（一）传授语言文字知识

语言文字知识的传授是语文教学的首要任务，也是其最基本的本质之一。这涉及以下几个方面的内容：

1. 文字的认读与书写

汉字是中华文化的瑰宝，其形体、结构蕴含着丰富的文化内涵。传授汉字书写不仅是熟练掌握笔画的技巧，更是理解其象形、指事、会意、形声等演变历程。例如，通过解读《说文解字》，学生能深入了解汉字的形体演变与发展规律，从而更好地书写和理解汉字。同时，引导学生关注汉字背后的文化内涵，如"木"字代表生命与成长，"水"字蕴含变化与润泽之意，这样的解读有助于学生更深入地理解和记忆汉字。

2. 语法知识的学习

语法是语言的骨架，其规则决定了语言的表达方式和意义传递。除了基础的句子结构和词性变化外，深入的语法学习应包括语法功能、句法关系、语态变化等方面。例如，通过比较汉语和其他语言的语法结构，引导学生思考语言背后的逻辑与文化差异，从而拓展对语言的理解与运用。

3. 修辞技巧的掌握

修辞技巧是语言的美化与丰富化手段，通过生动的比喻、对比或夸张，能够增强表达的效果与感染力。除了常见的修辞手法外，还应引导学生深入理解修辞背后的意义与效果。例如，通过分析古典诗词中的修辞手法，学生可以领悟诗人的意境与情感，培养对文学作品的审美情趣与理解能力。

（二）培养语言表达和沟通能力

语言表达和沟通能力是语文教学的重要目标之一，它涉及以下几个方面的内容：

1. 口头表达能力的培养

口头表达是人们日常生活和工作中不可或缺的能力，也是语文教学的重要内容之一。除了课堂演讲和小组讨论外，还可以引入实践性更强的活动，如辩论赛、即兴演讲等，从而让学生在模拟真实场景中锻炼表达能力。同时，针对不同学生的特点和需求，可以采用个性化的辅导方式，帮助他们克服表达障碍，提高自信心和说服力。

2. 书面表达能力的提升

书面表达是语文学习的重要环节，通过写作作业和作文比赛等活动，可以有效提升学生的文字表达能力。除了传统的文章写作外，还可以引入多样化的写作形式，如日记、信件、评论等，让学生在不同情境下练习表达。此外，及时的反馈和指导也是提升书面表达能力的关键，教师可以针对学生的写作进行详细的点评和指导，帮助他们发现问题、改进提升。

3. 沟通能力的培养

沟通能力是人际交往和社会生活中至关重要的能力，而语文教学应该成为培养学生沟通能力的重要平台。通过角色扮演、情景模拟等活动，可以让学生在模拟场景中学习沟通技巧，培养倾听、理解和表达的能力。此外，还可以通过学习文学作品和文化背景，引导学生尊重多元文化，拓宽视野，从而提升跨文化交流的能力。

（三）培养文学鉴赏能力

文学鉴赏能力的培养是语文教学的重要任务之一，它包括以下几个方面的内容：

1. 文学作品的阅读和理解

文学作品是人类文化的珍贵遗产，通过阅读文学作品，学生不仅能够领略其中蕴含的情感和思想，还能够感受到文学的艺术魅力。在语文教学中，应该注重引导学生阅读不同类型、不同风格的文学作品，如古代诗词、现代小说、经典散文等，帮助他们建立起对文学作品的基本认知和感知能力。同时，教师可以通过导读和解读，引导学生深入理解作品中的意象、主题、情节等要素，培养他们敏锐的文学嗅觉和深入的思考能力。

2. 文学作品的分析和评价

文学作品的分析与评价是培养学生文学鉴赏能力的重要环节。在课堂教学中，可以通过分组讨论、撰写读后感、写作论文等形式，引导学生对文学作品进行深入的分析和思考。例如，分析作品的叙事结构、人物形象、语言风格等方面，探讨作品所表达的思想和情感，评价作品的艺术价值和意义。通过这样的活动，学生能够培养批判性思维和文学审美能力，提高对文学作品的理解和评价水平。

3. 文学作品的创作与欣赏

文学创作是培养学生创造性思维和表达能力的重要途径之一。在语文教学中，应该鼓励学生参与文学作品的创作，激发其想象力和创造力。可以组织写作比赛、创作工作坊等活动，为学生提供展示和分享作品的机会，激发其写作的热情和动力。同时，学生也应该学会欣赏他人的文学作品，尊重和欣赏不同风格和风貌的作品，拓宽自己的文学视野和审美情趣。

二、语文教学的独特性

语文教学与其他学科教学相比具有一些独特的特点和优势，主要表现在以下三个方面。

（一）艺术性与情感性强

语文教学是一门艺术性和情感性强的学科，这一特点体现在以下几个方面：

1. 文学作品的欣赏

语文教学的核心之一是通过文学作品的欣赏，引导学生感受作者的情感表达和文学意蕴。教师应该注重引导学生深入作品，体会其中蕴含的情感和意义。例如，在解读诗歌时，教师可以带领学生感受诗人的情感体验，理解诗歌背后的意象和象征。在研读小说时，可以引导学生走进小说世界，与主人公一同经历起伏和感悟人生。通过这样的欣赏活动，学生不仅能够提升自己的审美水平，还能够培养自己对文学作品的深刻理解和情感共鸣。

2.语言的艺术性

语言是文学的载体，其艺术性在语文教学中得到了充分体现。教师应该注重培养学生对语言的敏感性和表达能力，引导他们欣赏语言的美感和表现力。例如，在教学修辞手法时，可以通过丰富的例子和实践活动，让学生体会到比喻、拟人、排比等手法的艺术魅力。在写作教学中，可以引导学生运用多样化的语言风格和表现手法，使其作品更具感染力和艺术性。通过这样的教学实践，学生能够不断提升自己的语言表达能力，更好地理解和欣赏语言的美妙之处。

（二）注重语言运用能力的培养

语文教学注重培养学生的语言运用能力，这体现在以下几个方面：

1.多样化的教学方法

语文教学注重采用多种多样的教学方法，以激发学生的学习兴趣和提高其语言运用能力。例如，课堂讨论可以让学生展开思维，表达观点，锻炼口头表达能力；小组合作则能够培养学生的团队合作意识和沟通能力；实践活动则是将语言运用于实际情境中，例如进行实地考察、文学创作、广播剧表演等，让学生在实践中体会语言的作用和力量。通过这些多样化的教学方法，学生能够更全面地掌握语言知识，提高语言运用能力。

2.实践性的学习任务

语文教学的学习任务注重实践性和情境性，通过实践活动培养学生的语言运用能力。教师可以设计各种实践性的学习任务，如实地考察、实验活动、写作实践等，让学生在实际情境中运用所学的语言知识和技能，解决实际问题，提高语言运用能力。例如，在学习古诗词时，可以组织学生进行实地考察，感受古诗词所描绘的景物和情感；在学习写作时，可以通过实践活动让学生运用所学的写作技巧创作文章，培养其写作能力和表达能力。通过这些实践性的学习任务，学生能够更深入地理解和掌握语言知识，提高语言运用能力。

（三）强调思维能力的培养

语文教学注重培养学生的思维能力，这体现在以下几个方面：

1.文本分析与批评性思考

语文教学着重培养学生对文本的理解和分析能力。通过对文学作品、历史文献、社会现象等进行深入的文本分析，学生能够逐步提高自己的批评性思维和判断能力。例如，在阅读文学作品时，教师可以引导学生分析作品的情节、人物、主题等要素，探讨作品的深层含义和作者的意图，培养学生敏锐的思考能力和批判性思维。此外，教师还可以通过讨论、辩论等方式，激发学生对文本的不同理解和看法，促进他们形成独立思考的能力。

2. 创新意识的培养

语文教学致力于培养学生的创新意识和批判思维能力。教师应该鼓励学生勇于质疑和探索，培养他们敢于挑战传统观念、寻求新思路的勇气和能力。例如，在课堂教学中，教师可以引导学生分析文学作品中的创新元素和思想，激发他们对新鲜事物的兴趣和探索欲望；在写作指导中，教师可以鼓励学生大胆尝试新的写作方式和表达手法，培养其创造性思维和创作能力。通过这样的教学实践，学生能够逐步培养起自己的创新意识和批判思维，为未来的学习和生活打下坚实基础。

第二节　语文教学的发展历程

一、语文教学的创设时期

中华人民共和国成立初期，语文教学进入了一个充满探索和创新的时期。这一时期被称为语文教学的创设阶段，其主要任务是建立起符合社会主义建设需要的语文教学体系，并推动语文教学的发展和完善。在这一时期，中华人民共和国政府高度重视语文教学的重要性，积极采取措施推动语文教学的发展，力求提高国民素质，促进社会主义建设事业的顺利进行。

1949年至1977年，这段时期的语文教学在政治、经济和社会等方面都经历了巨大变革。政府领导部门将语文教学置于重要位置，提出了一系列发展要求和重点，旨在构建符合中国国情和社会主义建设需要的语文教学体系。具体来说，该阶段的语文教学主要包括以下几个方面的重要举措和特点：首先，政府领导部门发布了一系列关于语文教学的指导性文件和政策，如1951年的《关于学习〈标点符号用法〉的指示》，从政策上明确了语文教学的发展方向和目标，为语文教学的改革与发展提供了指导。其次，成立了语文教学问题委员会，这标志着语文教学逐步走向规范化和系统化。通过委员会的指导，将语文教学引入规范的教育领域，为后续的语文教学改革奠定了基础。再次，结合国内学生的学习实际，将汉语拼音教学作为开展语文教学的初步环节，进一步加强了语文教学的结构性建设。1958年发布的《关于在中小学和各级师范学校教学汉语拼音字母的通知》，为语文教学的发展提供了新的方向和动力。最后，人民教育出版社成立于1950年12月，负责语文教材的编订和出版。在许多语言学家和语文教师的共同努力下，编写了一系列具有创新性和建设性的语文教材，为语文教学的发展提供了有力支持。

除了上述举措外，中华人民共和国成立初期的语文教学还融入了马克思主义理论，语文教学工作者通过对马克思主义理论的学习，认识到了教学实验的重要性，并在理论指导下对语文教学提出了许多建设性意见，推动了语文教学的改革发展。教学实验观点在这一时期得到了落实，许多中学都在语文教学实验的影响下组织开展了一系列实验教学活动，迈出了语文教学改革的第一步。

二、语文教学的改革时期

语文教学的改革时期是指1978—2011年这段时间，这一阶段语文教学发生了较大程度的变化和革新，是语文教学发展中最为关键的一段时期。遭到破坏的语文教学从拨乱反正开始，教育工作会议强调对人才和知识的重视，对中小学教育的重视，还指出语文教材编订对教育效果的重要性。教育部对语文教材的编写提出了新的要求，并对人民教育出版社进行了重组，明确了新时代语文教学的教学计划。许多一线教育工作者对语文教学的改革提出了自己的观点，为语文教学的改革发展提供了参考。1985年颁布的《中共中央关于教育体制改革的决定》，规范了语文教学的具体改革目标和改革方向，教育部随之对中小学的课程设置、学制等进行了调整，并且组织成立了中小学语文课程教材研究开发中心，规范了语文教学的结构性建设。

为了能够加强全国语文教学的交流，促进全国语文教学工作的综合性发展，由吕叔湘等组建成立了全国中学语文教学研究会，这一交流会的建立为语文教学学术研究提供了场所，使全国各地语文教学工作者可以进行经验交流以及问题探讨，对于语文教学的发展发挥了十分重要的作用。在全国中学语文教学研究会的影响下，有关机构牵头组织了一系列语文学科的学习活动和竞赛，极大地丰富了中学生的语文学习生活，为中学语文教学注入了新的活力，不仅满足了语文教师之间的学术交流需要，还满足了学生群体之间的学习沟通，对于语文教学内涵的拓展发挥了关键作用。

1999年再次开展了教育课程改革，语文教学也随之发生了较大的变化。不仅对语文教材和课程大纲等进行了修改，而且从整体上对教材进行了重编，对教学大纲、课程标准进行了创新。2001年教育部印发了《基础教育课程改革纲要（试行）》，2011年教育部制定了《义务教育语文课程标准》。不同地区按照教学大纲要求可以设置不同的教材版本，但随着教学实践的落实，这种教材设置的方式也出现了一系列的问题，虽然同属一种教学大纲但各地教材中的内容割裂性较为明显，成为语文教学改革的关键问题之一。为此，教育部加强了教材编写的审查工作，并编订了统一性的语文课程教材供教学使用。

由于语文教学改革要求及目标的明确，各个中学的语文教学实践中对实验教学活动的组织越来越多，语文教师们也在教育改革的要求下积极探究创新语文课程的教学方式，进而在语文教学改革时期涌现出了多元化的教学模式。但语文教学的这一探究过程具有实验性，实际教学中难免出现一些无法预料的问题，这是语文教学发展的必经阶段，只有及时总结经验教训，语文教学才能发展得更好。语文教学的改革和教学实验的开展对语文教学的发展具有重要影响。

三、语文教学的复兴时期

2012年以来，语文教学进入了全面复兴发展阶段，教育工作会议指出，教育是实现中华民族伟大复兴的关键，是现代化发展的战略性手段，并强调要办好人民满意的教育，推动教育事业的新发展。首先，从教育体制方面对语文教学进行了根本性的规划，2017年颁布了《关于深化教育体制机制改革的意见》，组织成立了国家教材委员会，各个学段开始使用统编的语文教材，将中华民族新时代发展的内容融入其中，体现出现代化发展的需要。其次，对《高中语文课程标准》进行了修订，对语文教学大纲进行了调整，明确了新时代语文学科的核心素养内涵，除了知识教学、能力教学之外，还强调了社会主义核心价值观的落实，以"立德树人"的教学理念组织开展教学活动，让学生充分掌握中国新时代发展的文化和精神，切实提升学生的语文思维能力、创造能力等综合性的语文素养。

新时代对语文教材的编写提出了新的要求，这是因为随着教育的不断发展和文化理念的革新，教育部编订的统编教材开始逐步替换原有的教材。统编教材在内容和形式上更具时代性，不仅继承了以往的语文教学规律，展现了语文教学的内涵和魅力，同时还加强了与时代和生活的联系，做到了文质兼美、创新发展。统编教材的出现更加凸显了语文学科的自主探究价值，延伸了语文教学的教学功能。

在新时代，教育的发展已经不再仅仅关注知识的传授，更加注重学生综合素质的培养。因此，新时代的语文教材编写更加注重培养学生的综合能力，例如思维能力、创新能力、表达能力等。语文教材内容涵盖了丰富多彩的文学作品、历史典故、科技知识等，旨在激发学生的学习兴趣，培养他们的综合素质。此外，新时代的语文教材还注重加强与时代和生活的联系。教材内容涵盖了丰富的时事热点、社会问题等，引导学生关注社会现实，培养他们的社会责任感和担当精神。同时，教材还融入了当代文化元素，如网络语言、流行词语等，使学生更好地适应当下社会的语言环境。在经济发展不平衡的问题得到改善的背景下，新时代的语文教学也得到了长足发展。政府和社会各界通过一系列措施，如经济扶贫、人才培养计划等，促进了教育资源的均衡配置，使贫困地区、偏远地区的语文教学得到了改善。同时，教育部门也加大了对教育平衡的重视，出台了一系列政策和措施，如建立特殊教育学校、加强师资培训等，以确保每个学生都能享受到优质的语文教学资源。

四、语文教学的未来发展方向

语文教学是现代化教育的重要组成部分，其中不仅蕴含着丰富的文化内涵，而且也是中华民族优秀传统文化的继承。在世界文化积极交流的今天，以语言为基础的语文教学的重要性更加突出，而且从中华民族伟大复兴以及社会主义发展的视角来看，语文教学是未来发展的关键环节，在知识和实践中都显示了语文教学对人才培训、思想观念、行为举止的重要影响。语文教学未来发展的前提是必须认清当前发展过程中存在的一系列问题，只有解决了这些问题，才能促使其获得更加长久、更加稳定的发展，才能够促使语文教学抓住时代和技术机遇，迈向更高的层次。

当下，信息技术的应用十分广泛，几乎所有的行业都会有信息技术的助力，语文教学也不例外。语文教师在教学实践中运用以信息技术为支撑的多媒体设备辅助教学，为语文课堂增添了乐趣，也在一定程度上提高了教学效率。然而由于信息技术的普及，人们常常通过手机进行沟通，面对面交流的机会越来越少，这种情况下学生的语文表达能力就受到了限制，语言运用能力难以得到有效提升，未来语文教学中要加强对语言表达教学的重视，做到"文语并重"。

此外，信息交流的便捷性使得各种碎片化的信息充斥在学生的学习生活中，对学生阅读能力的培养造成了一定程度的消极影响，学生无法集中注意力阅读文章，无法深入理解文学作品。因此，未来的语文教学中教师还需要重视对学生阅读能力的培养，引导学生采用正确的阅读方法进行阅读，重点提升学生的思辨能力和写作能力，培养学生的逻辑思维，从而优化语文教学的结构，为其发展指明方向。

第三节　语文教学的心理学基础

一、学习心理学在语文教学中的应用

（一）认知理论与教学设计

1. 认知特点的考量

在教师进行语文教学活动设计时，深入了解学生的认知特点，有助于更精准地把握教学的节奏和方式，最大限度地提高学生的学习效果。首先，注意力作为学习的基础，直接影响着学生对教学内容的接收和理解。学生的注意力有限，尤其是在课堂环境下，往往容易受到外界干扰而分散。因此，教师在设计语文教学活动时，需要采取一些措施来引导和维持学生的注意力。例如，通过生动的故事情节、多媒体资源等方式吸引学生的注意力，让他们更加专注于课堂内容，从而提高学习效果。其次，记忆是学习的关键环节之一，而记忆力的强弱直接影响着学生对知识的掌握和运用。学习心理学的研究表明，记忆是一个渐进的过程，需要通过反复巩固和联想来加深。因此，教师在设计语文教学活动时，应该注重如何优化学生的记忆过程。例如，通过课堂复习、作业布置等方式，帮助学生巩固所学知识，提高记忆效果。最后，学生的思维方式也是需要考虑的重要因素。不同的学生具有不同的思维方式，有的偏向于逻辑思维，有的偏向于想象思维。因此，在语文教学活动设计中，教师应该灵活运用不同的教学方法，以适应学生的思维特点。例如，对于偏向于逻辑思维的学生，可以采用逻辑性强、结构清晰的教学方式；而对于偏向于想象思维的学生，则可以通过图像化、情境化的教学方式来激发他们的学习兴趣，促进他们的学习效果。

2. 启发式教学策略

启发式教学策略是一种基于学习心理学认知理论的教学方法，旨在激发学生的自主探究和发现能力，促进其批判性思维和问题解决能力的培养。这种教学策略强调学生在教学过程中的主动参与和深度思考，通过提供开放性的问题和情境，引导学生探索和发现知识，从而达到更深层次的学习效果。

在启发式教学中，教师的角色不再是简单地传授知识，而是充当引导者和促进者的角色。教师通过设计富有启发性的教学情境和问题，激发学生的学习兴趣，引导他们积极参与到学习过程中。例如，在语文教学中，教师可以提出一个开放性的文学问题，要求学生通过阅读文本和分析情节，自行发挥想象力，提出自己的见解和解决方案。这种方式不仅可以激发学生的思维，还能够培养其对文学作品的深层理解能力。

启发式教学策略的核心在于激发学生的学习动机和自主性。通过让学生在自主探究和发现中建构知识，培养其批判性思维和解决问题的能力。与传统的教学方法相比，启发式教学更加注重学生的参与和体验，在教学过程中强调学生的主体地位，使他们成为学习的主体和探索者。此外，启发式教学还注重培养学生的合作精神和团队意识。在解决问题的过程中，学生往往需要与同伴进行交流和合作，共同探讨和解决问题。这种合作性的学习环境不仅能够促进学生之间的交流和互动，还能够培养其团队合作和沟通能力，为其未来的学习和工作打下良好的基础。

（二）情感与动机在学习中的作用

1. 情感因素的考量

情感因素在语文教学中起着至关重要的作用，它涉及学生的学习动机、学习态度、学习情感等多个方面。了解和考量学生的情感因素，对于促进他们的语文学习和素养提升至关重要。首先，学习动机是语文学习的内在驱动力。学生对语文学习的动机水平直接影响着其学习的投入程度和学习成效。因此，教师在语文教学中应该注重激发学生的学习动机，使其产生积极地学习愿望和目标。这可以通过设计富有启发性和趣味性的教学内容和活动来实现，例如组织有趣的语文游戏、开展富有情感共鸣的文学鉴赏等，从而激发学生的学习兴趣和主动性。其次，学习态度是学生对语文学习的态度和情感倾向。积极的学习态度有助于学生建立起自信心和自觉性，从而更好地投入到学习中去。因此，教师应该努力营造积极的学习氛围，鼓励学生树立正确的学习态度，培养他们对语文学习的责任感和自律性。这可以通过赞扬和鼓励学生的努力和进步，给予他们足够的支持和帮助来实现。最后，学习情感是学生在语文学习过程中产生的情感体验和情感反应。语文教学应该注重培养学生对文学作品的情感体验和情感共鸣，帮助他们从情感上与作品产生联系，从而更深入地理解和欣赏文学之美。教师可以通过讲解文学作品背后的情感内涵、组织文学作品的情感体验活动等方式，引导学生深入感受文学作品所蕴含的情感力量，从而激发其对语文学习的兴趣和热情。

2. 奖励与惩罚的运用

在教学实践中，教师需要巧妙地运用奖励和惩罚，以达到教学目标，培养学生的自主学习能力和良好的学习行为习惯。首先，奖励的运用是激发学生学习兴趣和积极性的重要手段。奖励可以是物质性的，如小礼品、奖状等，也可以是非物质性的，如表扬、鼓励等。无论是哪种形式，奖励都能够给予学生积极的心理激励，增强他们对学习的动力和愿望。在语文教学中，教师可以根据学生的表现，及时给予适当的奖励，激发他们对语文学习的兴趣和热情。例如，当学生完成一篇优秀的作文或者表现出色的朗诵时，可以给予表扬和奖励，以鼓励他们继续努力。其次，惩罚的运用是规范学生行为和维护教学秩序的必要手段。惩罚可以是轻微的，如口头警告、批评等，也可以是严厉的，如留校或者降低分数等。但无论是哪种形式，惩罚都应该是合理的、合法的，并且具有教育性质。在语文教学中，教师应该根据学生的具体情况和违规行为，给予适当的惩罚，引导他们认识到错误，改正错误，并且避免再次犯错。例如，当学生违反课堂纪律或者未完成作业时，教师可以给予适当的惩罚，如批评教育或者罚写检讨。

二、语言心理学对语文教学的启示

（一）语言认知过程的理解

1. 语言习得规律

（1）语言习得的发展阶段

语言心理学研究发现，语言习得过程可以划分为不同的发展阶段，其中包括听说阶段、理解阅读阶段、书写表达阶段等。在语文教学中，教师应该根据学生所处的语言习得阶段，有针对性地设计教学内容和教学方法。例如，在听说阶段，教师可以通过生动有趣的故事、歌曲等方式，引导学生感受语言的音韵和节奏，培养他们的听说能力；在理解阅读阶段，教师可以组织阅读理解活动，帮助学生提高语言理解能力和阅读技巧；在书写表达阶段，教师可以指导学生进行写作练习，培养他们的书写能力和表达能力。

（2）个体差异的考量

语言习得的过程中存在个体差异，不同学生在语言习得速度、方法偏好等方面可能存在差异。因此，教师在语文教学中应该充分考虑学生的个体差异，灵活调整教学策略，因材施教。例如，对于语言习得较慢的学生，教师可以采用更多的示范和辅导，帮助他们理解和掌握语言知识；对于语言习得较快的学生，教师可以提供更多的拓展性学习任务，激发他们的学习兴趣和积极性。

（3）联系实际生活的教学

语言习得是一个与实际生活密切相关的过程，在语文教学中，教师应该注重将语言知识与学生的实际生活联系起来，帮助他们更好地理解和运用语言。例如，教师可以组织学生进行实地考察、社会实践等活动，让学生在实践中感受语言的运用，加深对语言知识的理解和记忆。

2.语言表达能力的培养

（1）认知过程与语言表达

语言心理学研究表明，语言表达能力的培养与认知过程密切相关。学生通过认知过程对语言进行理解、组织和表达，因此，教师应该通过针对性地教学活动，促进学生的语言认知能力的提升，从而提高其语言表达能力。例如，教师可以通过词汇扩展、句型转换等活动，拓展学生的语言知识，丰富其语言表达方式。

（2）语言表达能力的培养策略

在语文教学中，教师可以采用多种策略培养学生的语言表达能力。例如，通过模仿和演练，帮助学生掌握正确的语言表达方式；通过讨论和互动，激发学生参与语言表达的积极性和主动性；通过写作和朗诵，提高学生的书面和口头表达能力。这些教学策略旨在帮助学生全面提升语言表达能力，使其能够自如地运用语言进行沟通和表达。

（3）实践中的语言表达

语言表达能力的培养需要在实践中不断实践和提高。因此，教师应该为学生提供丰富的语言表达机会，让他们有机会在实际情境中运用所学的语言知识，提高语言表达的自信心和流畅度。例如，教师可以组织学生进行小组讨论、演讲比赛等活动，让学生有机会展示自己的语言表达能力，从而不断提升。

（二）语言技能的培养与发展

1.听、说、读、写技能的统一培养

（1）技能的相互促进

语言心理学认为，听、说、读、写是相互关联、相互促进的语言技能。在语文教学中，教师应该通过综合性的教学活动，统一培养学生的听、说、读、写技能，实现技能的统一发展。例如，教师可以通过听力材料引导学生提高听力理解能力，然后结合口语表达进行口语练习，再通过阅读理解进行阅读训练，最后进行写作练习，从而全面提升学生的语言能力。

（2）多样化的教学方法

为了统一培养学生的语言技能，教师需要采用多样化的教学方法。例如，对于听力技能的培养，可以通过听力练习、听力讲解、听力游戏等方式，激发学生的听力兴趣，提高其听力水平；对于口语技能的培养，可以通过角色扮演、口语训练、口语比赛等活动，提高学生的口语表达能力；对于阅读和写作技能的培养，则可以采用阅读理解训练、写作指导、写作实践等方式，促进学生的阅读理解和写作能力的提高。

（3）实践中的综合运用

在语文教学中，学生需要在实践中综合运用听、说、读、写技能。因此，教师应该创设丰富多彩的语言实践活动，让学生有机会在真实情境中运用所学的语言技能。例如，组织学生进行小组讨论、角色扮演、辩论比赛等活动，让他们在交流互动中全面展现自己的语言能力，加深对语言的理解和应用。

2. 语言策略的教学

（1）记忆策略的教学

记忆策略是语言学习中的重要技能之一，包括联想记忆、重复记忆、归纳总结等方法。在语文教学中，教师可以通过教授记忆技巧，帮助学生更有效地记忆词汇、句型等语言知识。例如，教师可以引导学生利用联想记忆法记忆生词，通过与已掌握的词汇或形象进行联想，提高记忆效率。

（2）阅读策略的教学

阅读策略是提高阅读理解能力的关键，包括预测、推测、归纳概括等方法。教师可以通过教授阅读策略，帮助学生提高阅读理解水平。例如，教师可以引导学生在阅读前先预测文章内容，然后在阅读过程中根据文章内容进行推测，最后总结归纳文章主旨和要点，从而提高阅读理解能力。

（3）学习策略的培养

学习策略包括学习计划、学习目标、学习方法等方面的技能。在语文教学中，教师可以通过指导学生制定学习计划，明确学习目标，选择合适的学习方法，帮助他们更有效地进行语言学习。例如，教师可以教导学生制定每日学习计划，合理安排学习时间，选择适合自己的学习方法，提高学习效率。

第四节　语文教学的教育学基础

一、教育学理论对语文教学的影响

（一）学生主体地位的倡导

1. 学生主体地位的理论意义

学生主体地位的倡导源于教育学理论对学生作为学习主体的尊重和重视。这一理论意义体现了教育过程中的价值取向，将学生置于学习的核心位置，注重激发其主动性、积极性和创造性，使其在学习中成为真正的主体和参与者。

学生主体地位的倡导不仅仅意味着从教师的角度转向学生，更是对学生个体差异和多样性的尊重，是教育实践赋予学生主动权和参与权的体现。这种倡导反映了对学生权利的尊重，是教育理论和实践进步的重要标志之一。

2. 在语文教学中的应用

在语文教学中，学生主体地位的倡导体现在多个方面。首先，教师应该以学生为中心，关注每个学生的个性特点和学习需求，尊重他们的学习兴趣和学习方式。其次，教师应该注重激发学生的学习动机和兴趣，创设积极的学习环境，使学生在愉悦的情境中进行学习。最后，教师应该因材施教，根据学生的认知水平和学习能力，设计个性化的教学内容和教学方法，提高教学效果。

（二）因材施教、因时施教的原则

1. 因材施教的实质含义

因材施教、因时施教的原则意味着教学应该根据学生的个体差异和学习情况进行灵活调整和个性化设置。因材施教要求教师针对学生的认知水平、学习风格和兴趣爱好，采用不同的教学方法和手段，满足学生的学习需求，促进其全面发展。

2. 在语文教学中的具体实践

在语文教学中，因材施教的原则得到了广泛应用。教师可以根据学生的阅读水平和兴趣特点，设计不同难度和题材的阅读材料，以激发学生的阅读兴趣和提高阅读能力；同时，教师可以根据学生的写作能力和表达习惯，设计不同类型和主题的写作任务，培养学生的语言表达能力和创作能力。因时施教则要求教师根据教学内容的难易程度和学生的学习进度，合理安排教学进程，确保教学效果的最大化。

二、教学原则在语文教学中的体现

（一）实践因材施教的原则

1. 关注学生个体的差异

在语文教学中，学生的个体差异主要表现在语言水平、阅读能力、写作技巧等方面。因此，教师应该关注每个学生的独特特点，了解其学习需求和困难，从而制定针对性地教学方案。例如，对于语言水平较低的学生，教师可以采用简单明了的语言，结合丰富的图片和实例，帮助他们理解和掌握语文知识；对于阅读能力较弱的学生，可以提供适合其阅读水平的文本，逐步培养其阅读能力。

2. 灵活运用教学方法

因材施教要求教师根据学生的不同需求和特点，灵活选择适合的教学方法和手段。在语文教学中，教师可以结合课程内容和学生的实际情况，采用多样化的教学方法，如讲授、讨论、示范、实践等。通过多种形式的教学活动，能够满足学生的不同学习需求，促进他们的全面发展。例如，对于喜欢动手实践的学生，可以组织实地考察活动或语言游戏，激发其学习兴趣和参与度；对于喜欢思考探索的学生，可以进行课堂讨论或小组合作，促进他们的批判性思维和创造性表达。

3. 激发学生的学习兴趣

因材施教也包括了激发学生学习兴趣的重要内容。教师应该根据学生的兴趣爱好和特长，设计丰富多彩、有趣味性的教学内容和活动，激发学生的学习兴趣，提高他们的学习积极性和主动性。例如，可以通过引入学生感兴趣的文学作品、影视资源或实践活动，激发他们的学习热情和探究欲望，使语文教学更具吸引力和生动性。

（二）贯彻循序渐进的原则

1. 学习进程的逐步推进

循序渐进原则要求教师在语文教学中有条不紊地组织教学活动，确保学生在逐步推进的学习过程中逐渐掌握知识和提高能力。这意味着教学活动应该按照一定的顺序和步骤展开，学生的学习进程应该是连贯和渐进的。在实践中，教师可以通过合理的教学计划和课程设计，确保学习任务的逐步完成，帮助学生在学习中不断进步。例如，教师可以在每节课中设立明确的学习目标，并逐步引导学生完成相关的学习任务，确保每个学生都能够按照自己的学习节奏和能力水平进行学习，从而达到循序渐进的教学效果。

2. 教学内容的递进设置

循序渐进原则要求教师在教学设计中逐步展开教学内容，使学生能够逐步理解和掌握知识。教师可以通过先易后难、由浅入深的方式设置教学内容，帮助学生建立起完整的知识体系，提高学习效果。例如，在教授语文知识时，教师可以从简单的语言基础知识开始，逐步引导学生了解更加深入和复杂的语言规则和应用技巧，从而使学生能够循序渐进地掌握语文知识。

3. 学生能力的渐进提升

循序渐进原则注重学生能力的渐进提升。教师应该通过巩固性练习和拓展性活动，逐步提高学生的语言能力、阅读能力和写作能力，使其在学习过程中不断进步。例如，教师可以在每个教学单元结束时设置一定的复习和巩固任务，帮助学生巩固已学知识；同时，在教学过程中还可以设置一些拓展性任务，激发学生的思维和创造力，提高其语文应用能力。

第二章　高中语文课程设置与教学目标

第一节　高中语文课程设置的理论依据

一、语言学理论与语言教育

（一）语言学理论对语文课程的指导

1. 语言起源与发展的研究

语言学理论对语文课程的指导始于对语言起源与发展的研究。语言学家通过对史前语言、语言家族和语言演化的研究，揭示了语言作为人类最古老的交流工具之一的本质。这些研究为我们理解语言的本质和功能提供了重要线索。在语文课程设置中，这一理论启示我们应该从语言的本源出发，通过了解语言的演化过程，培养学生对语言的尊重和理解，促进他们更深层次地理解和运用语言。

2. 语言结构与功能的分析

语言学家通过对语音、语法、词汇等方面的研究，揭示了语言的组成要素及其相互关系。同时，语言的功能研究也探讨了语言在交际中的作用和表达方式。在语文课程设置中，我们可以借鉴这些理论，通过系统性地教授语言的基本结构和功能，培养学生对语言规律的认识，提高他们的语言表达能力和沟通能力。

3. 语言交际功能理论的应用

语言交际功能理论是语言学中的重要分支，强调语言的主要功能是交际。在语文课程设置中，我们可以通过强调语言的交际功能，将语文课程设置为以提高学生语言交流能力为核心。这意味着不仅要注重学生的语言表达能力，还要培养他们的听、说、读、写能力，使他们能够有效地运用语言进行交际和表达。

（二）语言教育理论的应用

1. 交际法在语文教学中的运用

交际法是语言教学中的一种重要方法，强调语言是交际的工具，教学应该以真实的交际活动为基础。在语文课程设置中，我们可以通过设计各种交际情境和任务，让学生在真实的语言环境中进行交际，提高他们的语言运用能力和交际能力。

2. 任务型教学法的实践

任务型教学法是一种以任务为核心的教学方法，强调学生在完成任务的过程中进行语言学习。在语文课程设置中，我们可以通过设计各种实际任务，如阅读理解、写作、演讲等，引导学生积极参与语言活动，提高他们的语言运用能力和实践能力。

3. 情境教学法的运用

情境教学法是一种通过情境创设来进行语言教学的方法，强调语言是情境依存性的。在语文课程设置中，我们可以通过模拟各种语言使用情境，如购物、旅行、工作等，让学生在情境中学习语言，培养他们的语言应用能力和交际能力。

二、认知心理学与教育心理学

（一）认知理论对语文教学的启示

1. 认知构建主义理论

认知构建主义理论强调学习是一个主动的、建构性的过程，学生通过与环境的互动，不断构建和重构自己的知识结构。在语文教学中，这一理论启示我们应该创设丰富的学习情境，引导学生通过思考、探究来理解和运用语言知识。例如，通过提供多样化的文学作品和阅读材料，激发学生的阅读兴趣，促进他们对文字和语言的深入理解。

2. 情感认知理论

情感认知理论认为情感与认知密切相关，情感对学习和记忆有着重要影响。在语文教学中，我们可以通过情感教育来培养学生对语言和文学作品的情感态度，激发他们对文学作品的情感共鸣，从而提高他们的审美情趣和情感表达能力。例如，通过引导学生分享自己的情感体验，与他人交流感受，促进情感交流和情感体验的共鸣。

3. 元认知理论

元认知理论关注个体对自己的认知过程进行监控、调节和控制的能力。在语文教学中，我们可以通过教授学习策略和元认知技能来提高学生的学习效率和学习能力。例如，教授学习笔记、归纳总结、问题解决等方法，帮助学生更好地理解和掌握语言知识，提高语文学习的效果。

（二）教育心理学在语文教学中的应用

1. 学习理论的应用

教育心理学研究了学习过程中的心理活动规律，为语文教学提供了科学依据。学习理论的应用可以帮助教师更好地设计教学内容和教学方法，促进学生的学习效果。例如，根据学生的认知水平和学习风格，采用不同的教学策略和教学方法，提高教学的针对性和有效性。

2. 情感教育理论的运用

情感教育理论指导我们在语文课程中注重培养学生的情感态度，激发学生对文学作品的情感共鸣，从而提高他们的审美情趣和情感表达能力。通过情感教育，可以增强学生对语文学习的兴趣和热情，促进他们的学习动力和积极性。

3. 动机理论的运用

动机理论研究了人们行为背后的动机和动力，为语文教学中的学习动机提供了理论支持。在语文教学中，我们可以通过激发学生的学习兴趣和学习动力，提高他们的学习效果。例如，通过设计富有挑战性和趣味性的学习任务，激发学生的学习兴趣和求知欲，促进他们的积极参与和主动学习。

（三）个性化教学与差异化教学

1. 个性化教学的理论基础

个性化教学理论强调充分考虑学生的个体差异和学习特点，设计个性化的教学内容和教学方法，满足学生的学习需求和学习兴趣。在语文教学中，个性化教学可以根据学生的语言水平、学习风格和兴趣爱好，设计不同层次、不同难度的教学内容和教学任务，提高教学的针对性和有效性。

2. 差异化教学的实践策略

差异化教学理论强调根据学生的学习差异和学习需求，采用不同的教学策略和教学方法，促进学生的学习发展和学习进步。在语文教学中，差异化教学可以通过分层教学、小组合作学习、个性化任务等方式，满足不同学生的学习需求，提高教学的灵活性和多样性。

三、社会文化与教育发展

（一）社会文化背景对语文课程的影响

1. 信息时代的影响

随着信息时代的来临，社会文化背景对语文课程产生了深远影响。在信息爆炸的背景下，语文课程不仅要注重传统的文字阅读和写作能力，还需要紧跟时代潮流，注重培养学生信息获取和处理能力。例如，学生需要学会从海量的信息中筛选、辨别和评估信息的可信度和价值，以及正确利用网络资源进行学习和研究。

2. 多元文化的融合

当今社会多元文化的融合也对语文课程产生了重要影响。语文课程不再局限于传统的国学经典，而是需要兼顾多元文化的传承和发展。在跨文化交流日益频繁的今天，语文课程应该注重培养学生的跨文化意识和跨文化交际能力，使他们能够更好地融入多元文化的社会环境中。

3. 社会需求的反映

语文课程的设置也需要紧密结合社会的发展需求。例如，随着经济的全球化和社会的信息化，英语等外语的重要性日益凸显，因此应该加强对英语等外语的学习，培养学生的跨文化交际能力和国际竞争力。

（二）教育发展理论的启示

1. 素质教育理念的倡导

教育发展理论中的素质教育理念倡导培养学生的综合素质和创新能力，这对语文课程的设置提出了新的要求。语文课程不仅要注重学生的语言表达能力，还要兼顾学生的思维品质、情感态度、道德情操等方面的培养，促进学生的全面发展。

2. 批判性思维与创新精神的培养

教育发展理论强调培养学生的批判性思维和创新精神，这也是语文课程设置的重要目标之一。在语文教学中，我们应该注重培养学生的批判性思维能力，引导他们审视文本、分析问题、提出见解，并激发他们的创新意识和创造力，培养他们独立思考和解决问题的能力。

3. 生态教育与可持续发展

教育发展理论中的生态教育理念强调人与自然的和谐共生，为语文课程设置提供了新的视角。语文课程应该注重培养学生对自然、生命、环境等方面的关注和热爱，引导他们树立生态意识，倡导可持续发展的生活方式和价值观念。

（三）跨学科整合与实践能力培养

1.跨学科整合的理论支持

跨学科整合理论强调不同学科之间的相互关联和交叉应用，为语文课程的跨学科设置提供了理论支持。在语文教学中，我们可以通过将语文与其他学科相结合，开展跨学科的探究和实践活动，促进学生跨学科知识和技能的综合发展。

2.项目式学习与实践性教学

项目式学习和实践性教学是教育发展的新趋势，也是语文课程设置的重要内容之一。通过项目式学习，学生可以参与到具体的实践项目中，通过解决问题、合作探究等方式，提高他们的实践能力和综合素养。例如，组织学生开展文学创作、语言调查、文化体验等项目活动，培养他们的语言表达能力和实践能力。

第二节　高中语文课程设置的现状与问题

一、高中语文教学的课程设计落后

目前，绝大多数高中的语文教学活动中的课程设计在手段以及方法运用方面还是比较单一的，例如阅读、写作教学等采用的还是传授型教学方法，主要是教师传授型的教学方法，课堂上的写作、阅读活动的开展模式也局限在一定空间范围内。导致这个问题的原因也是比较复杂的，例如教师自身的教学思路和模式比较固定化，因为已经掌握了一套完整的课程教学体系，就不愿意改善，这就使得语文课程教学的设计手段比较单一，很少有能够根据高中生学习和运用语言能力的教学目标来进行语文课程教学手段的拓展的。

（一）传统教学方法的固化

1.教师主导的传授型教学

当前，高中语文教学中普遍存在的传统教师主导的传授型教学模式，虽然在一定程度上为学生提供了必要的语文知识和技能，然而，其固化的特点也暴露出了诸多教学上的局限性和不足之处。这种教学方法的固化不仅使得课程设计缺乏活力和创新性，也影响了学生对语文学习的兴趣和参与度。首先，传统的传授型教学方法强调教师的主导地位，导致学生处于被动接受知识的状态。在这种教学模式下，教师往往扮演着知识的传递者和权威代表的角色，而学生则被动地接受教师的讲解和指导。这种单向的信息传递方式限制了学生的思维活动和创造性思维的发展，使得他们缺乏主动探索和独立思考的机会。长期以来，学生习惯于被动学习，缺乏自主学习和解决问题的能力，这对其未来的发展和成长造成了一定的阻碍。其次，传统的教师主导型教学模式容易导致课堂教学呈现出单一化和刻板化的现象。教师往往以教材为主要内容，依靠讲解、板书等传统方式进行教学，课堂上缺乏足够的互动和活动。学生在这样的教学环境中很难体验到语文学科的魅力和趣味，也难以将学到的知识与生活、实践相结合。课堂变得枯燥乏味，学生的学习兴趣难以被激发，导致他们对语文学习产生了抵触情绪，甚至产生厌学心理。最后，传统教学方法的固化还存在着知识传递的不足和信息获取的单一性。教师在课堂上往往只能向学生传递有限的知识和信息，而缺乏对于学生知识获取途径的引导和指导。随着信息时代的到来，学生面临着海量的信息和知识，如何获取和筛选有效信息成为摆在每个学生面前的重要问题。然而，传统的教学方法往往忽视了学生信息获取能力的培养，使得学生在信息爆炸的时代无法适应和应对，导致他们对语文学科的实际运用能力不足。

2. 学生被动的学习状态

在课堂上，学生往往只是被动地听取教师的讲解，缺乏积极地互动和探究。这种学习模式的局限性不仅影响了学生的语文学习效果，也阻碍了他们的全面发展和成长。首先，传统教学方法所强调的教师主导和学生被动接受的角色分配，使得学生习惯于依赖于外部的指导和引导。在这种教学模式下，教师往往扮演着知识的传授者和权威代表的角色，而学生则被动地接受教师的指导和灌输。这种单向的信息传递方式限制了学生的思维活动和主动性，使得他们缺乏独立思考和探索的机会。长期以来，学生习惯于被动学习，缺乏自主学习和解决问题的能力，这对其未来的发展和成长构成了一定的阻碍。其次，传统教学方法的固化使得课堂上的互动和讨论相对较少，学生的参与度和主动性不高。在这样的教学环境中，学生往往缺乏表达自己观点和思想的机会，难以发挥自己的潜能和创造力。课堂上缺乏足够的互动和探究性活动，学生的学习兴趣和动力难以被激发，导致他们对语文学习的兴趣逐渐下降。这种局面不仅影响了学生的学习效果，也影响了他们的个人发展和成长。最后，传统教学方法的固化还阻碍了学生自主学习和自主发展的能力。在这种教学模式下，学生往往缺乏主动探索和学习的动力，只是被动指导和引导。他们习惯于按部就班地完成老师布置的任务，而缺乏探索和创新的精神。这种被动学习的状态使得学生的学习效果受到限制，也影响了他们未来的发展前景。

（二）缺乏针对性的教学手段

1. 教学内容缺乏个性化设计

教师往往依赖于传统的教材和教学大纲，缺乏对学生个性化需求的考虑，导致课堂上的写作、阅读等活动缺乏情境设计和实践环节，学生难以真正掌握语文知识和技能。这种问题的存在，严重影响了语文教学的质量和效果，需要我们深入思考并采取相应的措施加以解决。首先，教学内容缺乏个性化设计的问题主要源于教学资源的匮乏和教师的教学理念。传统的教学模式注重的是对知识的传授和灌输，教师往往以教材内容为主导，而忽视了学生的个性化需求和兴趣特点。此外，教学资源的匮乏也是造成教学内容单一化的原因之一，教师往往只能依靠有限的教材和教学大纲进行教学，缺乏对多样化教学内容的设计和选择。其次，教学内容缺乏个性化设计导致了课堂教学的单一化和枯燥化。在这样的教学环境中，学生往往缺乏学习的兴趣和动力，对语文学习产生抵触情绪。课堂上缺乏情境设计和实践环节，学生难以将所学知识与生活实际相结合，无法真正掌握语文知识和技能。这种单一化的教学内容设计，严重制约了学生的学习效果和发展潜力的释放。最后，教学内容缺乏个性化设计还影响了学生的学习体验和成长空间。在这样的教学环境中，学生往往感受不到学习的乐趣和意义，缺乏对语文学科的热爱和探索精神。教学内容的单一化和泛泛而谈使得学生的学习体验变得枯燥乏味，无法激发其学习的兴趣和动力，影响了其个人成长和发展。

2. 教学手段缺乏灵活性

现阶段的语文教学手段相对缺乏灵活性，无法根据学生的不同特点和需求进行针对性的设计。首先，当前的语文教学普遍依赖于传统的教学方法和工具。教师往往习惯于使用讲解、板书、课本等传统的教学手段，而忽视了现代技术和多媒体教学工具的应用。这种固化的教学模式使得课堂显得枯燥乏味，学生缺乏参与的兴趣和动力。缺乏灵活多样的教学手段，使得教学过程无法顺应时代的发展和学生的学习需求。其次，教学手段缺乏灵活性影响了课程设计的个性化和差异化。教师往往只能依靠有限的教学资源和教材进行教学，缺乏对学生个性化需求的考虑。课堂上缺乏情境设计和实践环节，学生难以将所学知识与生活实际相结合，无法真正掌握语文知识和技能。这种固化的教学模式限制了学生的发展空间和个性化学习的实现，影响了教学效果和学生的学习动力。最后，教学手段缺乏灵活性使得教师在教学过程中难以应对学生的不同特点和需求。教师往往只能按部就班地讲解教材内容，而忽视了学生的个性化学习方式和兴趣特点。这种固化的教学模式使得教师无法灵活调整教学策略和方法，难以激发学生的学习兴趣和动力。缺乏灵活多样的教学手段，使得教学过程显得僵化和呆板，难以满足学生的学习需求和提高教学效果。

二、高中语文课程教学缺乏创造力

目前高中语文教学的课程设置内容缺乏创造力和有趣性包裹的个性化。这个个性化特色反映在高中语文教学的课程设置过程中对多媒体、流媒体等现代信息技术手段的使用比较少，没有实现语文课程教学与现代通信技术的结合。教师设置语文课程的手段受限，也会直接影响之后的语文课程活动的实践效果。

（一）缺乏现代信息技术的运用

1.教师信息技术应用水平不足

第一，教师在信息技术应用方面存在着明显的不足。尽管信息技术在当今社会发展中扮演着越来越重要的角色，但大部分语文教师仍然依赖传统的教学手段，如黑板、讲义等。他们对于多媒体、流媒体等现代信息技术的应用相对较少，缺乏相关的培训和学习，使得在语文课程中应用信息技术的能力不足。例如，在教学设计中，教师可能忽视了利用数字化教学资源、互动式学习平台等现代技术手段，使得课程呈现出单一和传统的特点，无法满足学生多样化的学习需求。

第二，教师信息技术应用水平的不足直接影响了课程的创新和个性化。现代信息技术的运用可以为语文教学带来更多的可能性和灵活性，例如通过图像、视频等形式呈现文学作品，激发学生的学习兴趣；利用在线资源和学习平台，开展网络文学欣赏和交流活动，拓宽学生的文学视野等。然而，由于教师对于信息技术的运用不熟练，这些创新性的教学方法和手段往往被忽视或未能充分应用，导致课程缺乏活力和吸引力。

第三，教师信息技术应用水平的不足也影响了课堂教学的互动性和实效性。现代信息技术的运用可以促进学生与教师之间、学生与学生之间的互动交流，激发学生的学习兴趣和参与度。然而，由于教师缺乏相关技能，课堂上的互动往往局限于传统的问答形式，缺乏足够的活跃度和深度，无法真正激发学生的思考和创造力，使得教学效果受到限制。

2. 缺乏信息技术融入课程的设计

在当今信息化时代，现代技术已经成为教育领域的重要组成部分，然而，在高中语文教学中，缺乏信息技术融入课程设计的现象仍然普遍存在。这种现象的产生和持续存在主要源于以下几个方面的原因：首先，许多语文教师对于传统教学方式的依赖。由于语文教学涉及文字、文学作品等传统内容，一些教师可能认为传统的教学方式更能够突出文字和文学作品的魅力，因此倾向于沿用传统的教学方法，而忽视了现代技术在语文学习中的潜力。他们可能认为，过度依赖技术可能会削弱学生对文字和文学作品的理解和欣赏能力，因此在课程设计中往往忽略了信息技术的应用。其次，教师对于信息技术的应用能力和认识水平不足也是导致信息技术融入课程设计不足的原因之一。虽然信息技术在教育领域拥有巨大的潜力，但是许多语文教师缺乏相关的培训和学习，对于如何有效地将信息技术运用到语文教学中缺乏清晰的认识和理解。因此，在课程设计中往往难以充分利用现代技术的优势，导致课程内容缺乏创新和多样性。最后，学校和教育管理部门对于信息技术在语文教学中的重要性认识不足也是造成这一现象的原因之一。在一些学校和教育机构中，对于信息技术的应用往往被较为边缘化，学校在技术设施和资源的投入上也较少。缺乏对信息技术在语文教学中作用的深刻理解和重视，使得教师在课程设计中缺乏充分的支持和鼓励，从而难以将信息技术融入语文教学中去。

（二）学生参与度不高

1. 缺乏趣味性和挑战性的课堂活动

缺乏趣味性和挑战性的课堂活动是当前高中语文教学中普遍存在的问题之一。这一问题的产生和持续存在主要源于教学模式的僵化、教学内容的单一化以及教师对于学生需求的认识不足等方面的原因。首先，传统的教学方法往往以教师为中心，注重知识的灌输和传授，而忽视了学生的主体地位和参与意识。在这种教学模式下，课堂活动往往缺乏趣味性和挑战性，学生被动指导，缺乏积极参与的动力。教师主导的讲解和演示往往让学生处于被动接受知识的状态，而缺乏足够的互动和探究机会。其次，教学内容的单一化也是导致课堂活动缺乏趣味性和挑战性的原因之一。由于教师依赖于传统的教材和教学大纲，课程内容往往局限于固定的范围和领域，缺乏新颖和多样化的内容。这使得课堂活动缺乏新鲜感和刺激性，难以激发学生的学习兴趣和动力。最后，教师对于学生需求的认识不足也是造成课堂活动缺乏趣味性和挑战性的原因之一。部分教师可能缺乏对学生个性化需求的考虑，无法充分理解学生的学习兴趣和特点，从而设计出适合学生的课堂活动。缺乏针对性和差异化的教学设计，使得课堂活动无法满足不同学生的学习需求，导致学生对课堂活动缺乏兴趣和动力。

2. 缺乏对学生个性化需求的考虑

在教学设计过程中，往往忽视了学生的兴趣、特长和学习风格，使得课程内容和活动过于普遍化，无法满足学生的个性化需求。这一问题的存在主要有以下几个方面的原因：首先，教师可能缺乏对学生的深入了解和观察，无法准确把握学生的兴趣爱好、特长和学习风格。在教学设计过程中，教师往往依赖于一般化的教学大纲和教材，忽视了每个学生的独特性。缺乏对学生个体差异的认识，导致了课程内容的泛泛而谈，难以引起学生的共鸣和投入。其次，教学资源和条件的限制也影响了对学生个性化需求的考虑。在教学环境不够优越的情况下，教师可能更倾向于采用一般化的教学方法和内容，以应付课堂教学的基本需求。缺乏个性化的教学资源和支持，使得教师难以开展个性化的教学活动，从而影响了对学生个性化需求的关注和考虑。最后，教师自身的教学观念和认知也可能影响对学生个性化需求的考虑。一些教师可能更偏向于传统的教学模式，认为一刀切的教学方法更容易管理和控制课堂，而忽视了个性化教学的重要性。缺乏对学生个性化需求的认识和重视，导致了课程设计的单一化和普遍化，无法真正满足学生的学习需求。

三、缺乏相应的课程评价体系

教师对学生语文教学理解不够深刻也是导致其语文课程设计出现问题的一个重要影响因素。不少教师在一般的语文课堂上都只会根据教案来展开教学，教师不仅主导课堂，并且缺少与学生之间关于语文课堂教学评价和沟通交流机制。这主要是由于高中的课业时间是比较紧张的，这使得教师对于语文课程教学的自我评价往往呈现与事实严重偏差的情况。不少教师也认为课程教学评价它并不具备实际的语文课堂教学功能。在这样的认识偏见下，许多高中语文教师往往会忽视对学生正确阅读写作习惯等内容的教导。此外，也缺少对学生参与语文课堂学习效果的正确评价，就更不会有激励评价机制的建立，对学生之后的语文知识的学习无法产生正确、积极的引导。

（一）教师自我评价偏差严重

1.教师仅依赖教案进行评价，导致教学效果偏差

当前教师在评价自身教学效果时，往往仅依赖教案来进行评价，这导致了教学效果的偏差。教案通常是教师在课程设计阶段制定的指导性文件，包含了课程内容、教学方法和教学过程的安排。然而，教案仅是理论上的设计，与实际教学效果存在较大的差异。在实际的教学过程中，受到诸多因素的影响，如学生的理解能力、学习态度、课堂氛围等，可能导致教学效果与教案设计的初衷不一致。

教师仅依赖教案进行评价的做法，使得他们往往只能从理论层面评价自己的教学效果，而缺乏对实际教学情况的全面了解。这种做法限制了教师对教学效果的准确评价，导致了教学过程中存在的问题无法及时发现和解决，进而影响了教学效果的提升。

2.缺乏对学生学习效果的全面评价，教学调整能力受限

教师的自我评价偏差也表现在缺乏对学生学习效果的全面评价上。由于教师主要依赖教案进行评价，往往只能对课程内容和教学方法进行评估，而对学生的学习效果缺乏全面的了解。教师往往只能通过课堂上的表现来判断学生的学习状况，而忽视了学生在课后的学习情况和实际应用能力的培养。

缺乏对学生学习效果的全面评价，限制了教师对教学过程的及时调整能力。教师往往无法准确了解学生的学习困难和问题，也无法针对性地进行教学方法和内容的调整。这导致了教学过程中存在的问题无法得到及时解决，进而影响了教学效果的提升和学生的学习质量。

（二）缺乏学生参与的评价机制

1.忽视了学生对课程设计和教学活动的反馈和评价

当前的课程评价体系往往忽视了学生的参与和反馈，导致教师无法全面了解学生的学习情况和需求。学生作为课程的主体之一，其对课程设计和教学活动的反馈和评价具有重要意义，然而这一方面常常被忽视。在传统的课堂教学中，教师往往是主导者，而学生往往是被动接受者，他们的声音往往被忽略或者无法得到充分地表达。这种单向的教学模式导致了学生参与的缺失，使得教学评价体系缺乏全面性和客观性。

2.学生参与的评价机制不完善，影响了课程质量的提升

缺乏学生参与的评价机制使得教师无法获取学生的真实反馈，难以对课程进行及时调整和改进。学生作为课程的受益者，其对课程设计和教学活动的评价是

提高课程质量的重要途径，然而现实中这一机制常常不完善，影响了课程质量的提升。学生的参与可以帮助教师更好地了解学生的学习需求和兴趣，及时调整教学策略和方法，提高教学效果和学生的学习满意度。

（三）评价体系缺乏多样性和全面性

1. 主要以考试成绩为评价标准，忽视了学生综合素养和能力的发展

当前的课程评价体系主要以考试成绩为评价标准，这种单一的评价方式导致了对学生综合素养和能力的忽视。考试成绩只能反映学生在特定时间内对知识的掌握程度，而无法全面评价学生的思维品质、情感态度、实践能力等方面的发展。因此，过度依赖考试成绩作为评价标准，使得学生的学习过程变得单一化和功利化，无法真正促进其全面发展。

2. 缺乏对学生综合素质和能力的评价，影响了教育质量的提升

评价体系缺乏对学生综合素质和能力的评价，直接影响了教育质量的提升。学生的综合素质和能力包括但不限于学科知识掌握，还应包括思维能力、创新能力、情感态度、社会适应能力等多个方面。然而，当前的评价体系无法全面反映学生的综合发展情况，导致了教育质量的提升受到了限制。这种评价方式使得学生只注重应试技巧，而忽视了个性发展和全面素质的培养，从而影响了教育的整体效果。

第三节　高中语文课程目标的确定方法

一、目标导向教学的理念与方法

目标导向教学的理念与方法

1. 明确学生的学习目标和预期能力

（1）针对学生需求的目标导向教学

在教学实践中，了解并满足学生的个体差异和学习需求至关重要。目标导向教学的核心在于通过深入分析学生的背景、兴趣爱好、学习风格等因素，为其制定具体、可行的学习目标和预期能力。这一过程不仅需要教师敏锐的观察力和分析能力，更需要与学生进行密切的沟通和交流，以建立起师生之间的信任和共鸣。

在明确学生的学习目标和预期能力时，教师应该综合考虑学科知识、技能和情感态度等多方面因素，确保目标既能够促进学生的学术发展，又能够提升其综合素养。通过与学生共同制定目标，并在学习过程中不断调整和优化，可以激发学生的学习动力和自主性，培养其积极进取的学习态度。

（2）学科特点下的高中语文教学目标

高中语文教学旨在培养学生的语言表达能力、文学鉴赏能力以及文化素养。这一学科的特点在于融合了语言文字的运用、文学作品的解读以及人文精神的传承。因此，教师在确定学生的学习目标时，应该充分考虑语文学科的综合性和多样性，为学生提供全方位的学习支持。首先，学生需要具备良好的语言表达能力，包括书面表达和口头表达两个方面。他们应该能够准确、流畅地运用语言，表达自己的思想和情感，同时能够理解和欣赏他人的表达。其次，学生还应该具备良好的文学鉴赏能力，能够独立分析和解读文学作品，理解其中蕴含的文化内涵和审美价值。最后，学生还需要培养广泛的文化素养，包括对传统文化和现代文化的理解与尊重，以及对人文精神的感悟与体验。

2. 将课程设置与学生的学习需求和未来发展紧密结合

（1）实际需求与课程设置

在制定课程设置时，教师应该深入了解学生的实际需求，包括其学习兴趣、学习方式、职业规划等方面的信息。这可以通过调查问卷、个性化学习计划等方式来实现。通过这些手段，教师可以获取学生的反馈和意见，了解他们的学习需求和期望，从而有针对性地调整课程设置，使之更符合学生的实际情况和发展需求。

在课程设置中，应该充分考虑学生的个体差异和特长，为其提供个性化的学习路径和支持。例如，对于对文学感兴趣的学生，可以增加文学作品的阅读和讨论环节；对于语言表达能力较弱的学生，可以增加写作训练和口语表达的练习；对于对文化素养和人文精神有需求的学生，可以增加相关知识的传授和体验活动。

通过将课程设置与学生的实际需求紧密结合，可以提高课程的针对性和实效性，激发学生的学习兴趣和动力，促进其全面发展。

（2）未来发展与课程设置

高中阶段是学生人生规划的关键时期，因此课程设置应该能够为学生未来的学习和生活做好充分准备。教师可以通过引导学生参与社会实践、职业体验等方式，帮助他们更好地了解自己的兴趣和优势，从而确定未来的发展方向。

在课程设置中，应该注重培养学生的综合素养和职业能力。除了学科知识和技能的传授外，还应该注重学生的创新思维、团队合作能力、沟通表达能力等方面的培养。这些能力不仅可以帮助学生更好地适应未来的职业发展，还可以提高其综合竞争力和社会适应能力。

同时，课程设置还应该关注当前社会和经济发展的趋势，为学生提供与时俱进的知识和技能。例如，可以增设信息技术、创业管理等新兴课程，以满足学生未来职业发展的需求。

3. 设定具体、可操作的学习目标

（1）具体可衡量的学习目标

学习目标的具体可衡量性是教学设计的基础。具体可衡量的学习目标能够明确指导学生的学习方向，帮助他们清晰地了解自己需要达到的目标，并为评价学习成果提供客观的标准。

在语文教学中，具体可衡量的学习目标可以涵盖多个方面。

①提高阅读理解能力：学生可以通过阅读各种文学作品和文章，理解其中的文本信息、语言结构和语境含义，进而能够准确、深入地理解文本内容。

②培养写作技巧：学生可以通过写作练习，逐步提高文章结构的组织能力、语言表达的准确性和语法、标点的运用规范性，从而写出质量更高的文章。

③增强文学鉴赏能力：学生可以通过分析文学作品的情节、人物形象、意象象征等要素，深入挖掘作品的内涵，提升对文学作品的审美理解和鉴赏水平。

这些学习目标需要具体明确，可以通过量化的指标或评价标准来衡量学生的达成程度，如阅读理解测试成绩、写作作业评分、文学作品分析报告等。这样的学习目标能够有效地指导学生的学习行为，提高学习效率和成果。

（2）指导教学的学习目标

设定具体、可操作的学习目标对于指导教学活动至关重要。教师可以根据学科标准和学生实际情况，设计符合学习目标的教学内容和教学方法，从而确保学生在教学过程中能够逐步实现目标，提高学习效果。

在教学设计中，教师可以根据学习目标分解教学内容，设定相应的教学步骤和活动。例如，在提高阅读理解能力的学习目标下，教师可以设计阅读课堂活动，引导学生分析文本结构、理解作者意图，并进行实践性的阅读训练和答题练习，以提高学生的阅读能力。

同时，教师还可以根据学习目标选择合适的教学方法和教学资源，激发学生的学习兴趣和主动性。例如，针对培养写作技巧的学习目标，教师可以组织写作工作坊、进行同学互评等形式多样的教学活动，帮助学生积极参与，提高写作水平。

二、高中语文课程目标的设定原则

（一）具有针对性和可操作性

1. 明确目标

在确定高中语文课程目标时，首先要确保这些目标具有明确性和具体性。这意味着目标不能只是抽象的概念，而应该明确定义所期望的学习成果和能力要求。例如，目标可以包括学生掌握特定的语言知识，如词汇、语法、修辞等，以及培养特定的语言技能，如阅读理解、写作表达、口头表达等。通过明确目标，可以为教师和学生提供清晰的学习方向，确保教学活动和学习任务与预期目标一致。

2. 指导教学

具有针对性和可操作性的目标可以有效地指导教学实践。教师可以根据这些目标来设计教学活动和评价方式，以确保学生在课程中能够达到预期的学习效果。例如，针对阅读理解能力的目标，教师可以设计不同类型的阅读材料，并结合问题解答和讨论活动，以帮助学生提高阅读理解能力。而针对写作表达能力的目标，教师可以引导学生进行写作练习，并提供反馈和指导，以促进其写作技能的提升。通过这种方式，教师可以根据具体目标来制定教学计划，从而更加有效地开展教学工作。

同时，具有针对性和可操作性的目标也能够帮助学生更清楚地了解自己的学习方向和目标。学生可以根据这些目标来制定学习计划和学习策略，有利于提高其学习动机和效率。例如，如果学生知道课程目标是提高阅读理解能力，他们就会更有针对性地选择阅读材料，并采取相应的阅读策略，以提高自己的阅读理解水平。因此，明确的课程目标不仅可以指导教师的教学实践，还能够促进学生的自主学习和发展。

（二）突出语文学科的核心价值和重点内容

1. 语言表达能力

语文学科的核心之一是培养学生的语言表达能力，这涉及书面表达和口头表达两个方面。

在书面表达方面,学生需要学会如何组织语言,使其逻辑清晰、条理分明。这包括正确运用语法、词汇和标点符号,使文章表达更加准确和流畅。同时,学生还应该学会如何选取恰当的表达方式,根据不同的写作目的和读者对象进行语言的调整和变化。通过练习写作不同类型的文章,如议论文、说明文、叙事文等,学生可以逐步提高自己的书面表达能力。

在口头表达方面,学生需要学会如何清晰地表达自己的观点和想法,能够有效地进行口头交流和讨论。这包括良好的语言组织能力和口才表达能力,以及适当的语言修饰和语调抑扬。教师可以通过课堂演讲、小组讨论等活动来培养学生的口头表达能力,帮助他们更好地应对各种口头交流场合。

综合来看,语文课程应该注重培养学生的书面表达和口头表达能力,使他们能够在不同的语言交流场合中自如地表达自己的思想和观点。

2. 文学鉴赏能力

学生应该能够理解和欣赏不同类型的文学作品,包括诗歌、散文、小说等。他们需要能够分析作品的结构、语言特点和主题思想,理解作者所要表达的意义和情感。同时,学生还应该具备批评性思考的能力,能够对作品进行深入地思考和评价,发表自己的见解和观点。

为了培养学生的文学鉴赏能力,教师可以引导学生阅读各种文学作品,并结合课堂讨论和写作活动,帮助他们深入理解作品的内涵和艺术特点。此外,教师还可以通过学生演讲、作品解读等形式,激发学生对文学作品的兴趣和热情,促进其文学鉴赏能力的提升。

3. 文化素养

除了语言表达能力和文学鉴赏能力外,语文学科还应该注重培养学生的文化素养。这包括对中华传统文化和世界文化的了解和尊重,以及对当代社会和时事的关注和思考。

学生应该具备一定的文化修养,能够理解和尊重不同文化背景下的人文精神和价值观念。他们应该了解中华传统文化的精髓和特点,如儒家思想、道家哲学、佛教文化等,以及其对中国社会和人民生活的影响。同时,学生还应该了解世界各国的文化传统和文明成就,增进对世界多样性的认知和理解。此外,学生还应该关注和思考当代社会和时事问题,了解社会发展的最新动态和变化,积极参与社会实践和公共事务,为构建和谐社会作出自己的贡献。

（三）关注学生的综合素质发展

1. 思维能力

语文学科的教学应该注重培养学生的思维能力，其中包括逻辑思维、批判性思维和创造性思维等方面。

逻辑思维是指学生能够理清事物间的因果关系、逻辑关系，进行合乎逻辑的思考和推理。在语文学科中，逻辑思维能力的培养体现在学生分析文学作品、阐述观点时的逻辑严谨性，以及解决问题时的条理清晰性等方面。通过分析文学作品中的情节发展、人物性格、主题思想等，学生可以锻炼逻辑思维的能力，培养其辨析问题、归纳总结的能力。

批判性思维是指学生具有质疑、分析和评价信息的能力，能够客观、理性地审视问题，并提出有根据的见解和观点。在语文学科中，批判性思维能力的培养体现在学生对文学作品进行深入解读和评价时的客观性和独立性。通过学习不同文学流派的代表作品，学生可以培养对文学作品的批判性思考能力，从而提高对文学作品的理解深度和分析水平。

创造性思维是指学生具有开放性、灵活性的思维能力，能够独立提出新的观点和见解，并能够进行创新性的思考和表达。在语文学科中，创造性思维能力的培养体现在学生进行文学创作、文学评论等方面。通过开展写作活动、举办文学论坛等形式，学生可以锻炼自己的创造性思维能力，培养其独立思考和创新能力，从而提高文学素养和审美情趣。

2. 情感态度

在语文学科中，情感态度的培养不仅仅是对文学作品的情感体验，更是对人生、社会的理解和反思，以及对个人责任与担当的认知和实践。这一点在学生的成长过程中至关重要，因为情感态度不仅影响着他们对文学的欣赏与理解，更影响着他们对生活的态度与行为。

第一，积极向上的情感态度对于学生的学习与成长至关重要。语文学科中，教师有责任通过选取那些富有情感共鸣的文学作品，让学生在阅读中汲取正能量，感受到生活的美好与可能。这些作品不仅是文学的载体，更是对人生、人性的深刻反思，能够启迪学生的心灵，激发他们对生活的热情与激情。通过对文学作品的理解与感悟，学生可以建立起积极的人生观与价值观，树立起对未来的信心与动力。此外，教师还可以通过课堂讨论、作品朗诵等形式，引导学生深入思考作品背后所蕴含的情感与意义，从而促进其情感态度的积极向上。

第二，责任与担当的社会情感态度对于学生的成长与发展同样至关重要。在当今社会，学生不仅需要具备一定的知识与能力，更需要具备一种社会责任感与公民意识。在语文学科中，教师可以通过引导学生关注和思考社会问题，了解社会发展的最新动态，培养学生的社会责任感和公民意识。通过学习社会问题的背景与原因，学生可以深入理解社会现实，认识到自己作为一名公民所应承担的责任与义务。同时，教师还可以通过开展社会实践活动、参与志愿服务等形式，让学生亲身感受到社会问题的严重性与紧迫性，激发其参与社会事务的热情与动力。通过这些活动的参与，学生可以逐步树立起对社会的责任心与担当精神，成为社会发展的积极参与者与推动者。

3. 社会适应能力

在语文学科中，教师有着独特的机会和责任，可以通过各种形式的教学活动，培养学生的社会适应能力，其中包括人际交往能力、团队合作能力和社会责任感。

第一，人际交往能力是学生社会适应能力的重要组成部分。在语文学科中，教师可以通过小组讨论、角色扮演等形式，让学生有机会与同学们进行互动交流，从而培养他们的人际交往能力。通过这些活动，学生不仅可以学会倾听他人的观点和看法，更可以学会表达自己的想法和观点，建立起良好的人际关系。此外，教师还可以通过文学作品中的人物形象和情节情感，引导学生思考人际关系的复杂性和多样性，从而提高他们的人际交往能力和情商水平。

第二，团队合作能力是学生社会适应能力的另一个重要方面。在语文学科中，教师可以通过合作写作、戏剧表演等形式，让学生有机会与同学们共同合作完成任务，从而培养他们的团队合作能力。通过这些活动，学生可以学会协调与沟通，学会倾听他人的意见和建议，学会与他人共同解决问题，从而提高他们在团队中的协作能力和领导能力。同时，教师还可以通过组织学生参加各种竞赛和比赛活动，让他们体验到团队合作的乐趣和意义，激发他们的团队合作潜力。

第三，社会责任感是学生社会适应能力的重要指标之一。在语文学科中，教师可以通过课外阅读、社会实践等活动，让学生了解社会问题的严重性和紧迫性，从而培养他们的社会责任感。通过参与志愿服务、社会实践等活动，学生可以亲身感受到社会问题的实际情况，了解到自己作为一名公民所应承担的责任与义务，从而激发他们的社会责任感和公民意识。同时，教师还可以通过引导学生进行社会调查和研究，让他们深入了解社会问题的根源和解决方案，培养他们的批判性思维和解决问题的能力。

第四节　高中语文课程目标的分类与层次

一、知识技能目标的界定与分层

高中语文课程的知识技能目标包括学生在语言文字基础知识、文学作品阅读理解能力、写作表达能力等方面的要求。这些目标的设定需要根据学生的认知水平和能力水平进行分层设置，以逐步提高学生的语文素养水平。

（一）语言文字基础知识

语言文字基础知识是高中语文课程中的基础，包括词汇、语法、修辞等方面的知识。在这一层面的目标设置中，可以分为初级、中级和高级三个层次。

1. 初级阶段

在初级阶段，学生主要需要掌握基本的词汇量和语法知识，能够正确理解和运用基本的语言文字规则。这一阶段的学习重点在于帮助学生建立起语言文字的基础框架，为后续的学习打下坚实的基础。

在词汇方面，学生需要掌握常见词汇及其基本用法，能够正确理解和运用词汇表达自己的思想和意图。同时，学生还需要了解一些常见的词义辨析和词语搭配，以提高语言表达的准确性和丰富性。

在语法方面，学生需要掌握基本的语法规则，包括名词、动词、形容词、副词等的基本用法和句子结构。通过学习语法知识，学生能够正确理解和分析句子的结构和意义，提高语言表达的准确性和规范性。

2. 中级阶段

在中级阶段，学生需要进一步扩充词汇量，掌握更加复杂的语法知识，能够理解和分析复杂的语言文字结构。这一阶段的学习重点在于拓展学生的语言文字知识面，提高其语言表达的深度和广度。

在词汇方面，学生需要进一步扩充词汇量，掌握更多的词汇和短语，能够灵活运用词汇进行语言表达。同时，学生还需要学习一些常用的固定搭配和习惯用语，以提高语言表达的流畅性和地道性。

在语法方面，学生需要进一步学习和掌握复杂的语法知识，包括复合句、虚拟语气、倒装句等高级语法结构。通过学习这些复杂的语法知识，学生能够理解和分析更加复杂的句子结构和意义，提高语言表达的丰富性和变化性。

3.高级阶段

在高级阶段，学生需要掌握丰富的词汇资源，灵活运用各种语法规则和修辞手法，能够进行深入的语言文字分析和应用。这一阶段的学习重点在于培养学生的语言文字运用能力和创造能力，使其能够熟练运用语言进行思维表达和文学创作。

在词汇方面，学生需要掌握丰富的词汇资源，包括各种专业术语和文学名著中的生词词汇，能够灵活运用词汇进行语言表达和文学创作。同时，学生还需要学习一些高级词汇和典故，以提高语言表达的深度和文化内涵。

在语法方面，学生需要熟练掌握各种语法规则和修辞手法，能够灵活运用语法知识进行语言分析和修辞表达。通过学习这些高级的语法知识和修辞手法，学生能够进行深入的语言文字分析和批评性思考，提高语言表达的水平和质量。

（二）文学作品阅读理解能力

文学作品阅读理解能力是高中语文课程的重要目标之一，包括对各种文学作品的理解、分析和评价能力。在这一层面的目标设置中，可以分为初级、中级和高级三个层次。

1.初级阶段

在初级阶段，学生主要需要能够理解文学作品的基本情节和主要人物，能够进行简单的作品分析和评价。这一阶段的目标是帮助学生建立对文学作品的基本认知和理解能力，为其后续的学习打下坚实的基础。

在学习内容方面，学生首先需要了解不同文学体裁的基本特点和结构，包括小说、诗歌、散文等。然后，学生需要选择一些简单的文学作品进行阅读，理解作品的基本情节、主要人物以及基本意义。同时，学生还需要学习一些基本的文学分析方法，包括人物分析、情节分析等，以帮助他们进行简单的作品分析和评价。

2.中级阶段

在中级阶段，学生需要进一步深入理解文学作品的内涵和主题思想，能够分析作品的结构、语言特点和意义。这一阶段的目标是培养学生的批判性思维能力和文学分析能力，使其能够独立进行对文学作品的理解和评价。

在学习内容方面，学生需要选择一些中等难度的文学作品进行阅读，理解作品的深层含义和主题思想。同时，学生还需要学习一些高级的文学分析方法，包括主题分析、象征分析等，以帮助他们进行深入的作品解读和分析。

3. 高级阶段

在高级阶段，学生需要能够进行深度的文学作品解读和批评性思考，能够独立进行文学评论和创作。这一阶段的目标是培养学生的文学创作能力和批评性思维能力，使其能够成为文学领域的有潜力的从业者。

在学习内容方面，学生需要选择一些高难度的文学作品进行阅读，理解作品的复杂内涵和深层结构。同时，学生还需要学习一些高级的文学批评方法，包括理论分析、文化批评等，以帮助他们进行深度的文学评论和创作。

（三）写作表达能力

写作表达能力是高中语文课程中的核心目标之一，包括各种文体的写作能力和表达能力。在这一层面的目标设置中，可以分为初级、中级和高级三个层次。

1. 初级阶段

在初级阶段，学生主要需要掌握基本的写作技巧和表达方法，能够进行简单的作文写作和表达。这一阶段的目标是帮助学生建立起对写作的基本认知和理解能力，为其后续的学习打下坚实的基础。

在学习内容方面，学生首先需要了解不同文体的基本特点和结构，包括记叙文、议论文、说明文等。然后，学生需要进行一些简单的写作训练，包括日记、周记、小故事等，以培养其对文字的敏感性和表达能力。同时，学生还需要学习一些基本的写作技巧，包括选题、构思、组织和修改等，以提高写作的质量和效果。

2. 中级阶段

在中级阶段，学生需要进一步拓展写作领域，掌握不同文体的写作技巧，能够进行议论文、说明文等不同类型的写作。这一阶段的目标是培养学生的多样化写作能力，使其能够熟练运用不同的文体进行写作表达。

在学习内容方面，学生需要选择一些中等难度的写作题目进行训练，包括议论文、说明文、应用文等。通过这些写作训练，学生能够逐步掌握不同文体的写作技巧和表达方法，提高写作的深度和广度。同时，学生还需要学习一些高级的写作技巧，包括论证、逻辑思维、文风塑造等，以提高写作的思想性和艺术性。

3. 高级阶段

在高级阶段，学生需要能够进行深度的写作探索和创新，具有独立的写作风格和思维方式，能够进行文学创作和文化评论。这一阶段的目标是培养学生的创造性思维和批判性思维能力，使其能够在写作中表现出个性和独特性。

在学习内容方面，学生需要进行一些高难度的写作训练，包括文学创作、文化评论、学术论文等。通过这些写作训练，学生能够深入探索自己的写作风格和主题，提高写作的创造性和深度。同时，学生还需要学习一些高级的写作技巧，包括文学批评、文化分析等，以提高写作的思想性和影响力。

二、情感态度价值目标的塑造与引导

情感态度价值目标是高中语文课程目标中的另一个重要层面，涉及学生的情感态度、价值观念以及对文化传统的认同等方面。在确定这一层面的目标时，需要注重培养学生的审美情趣、人文关怀、道德品质等方面的素养，引导学生树立正确的人生观、价值观，增强文化自信心，培养对优秀文化传统的认同感和热爱之情。

（一）审美情趣的培养

1. 文学作品的选取与引导

在高中语文课程中，教师的任务之一是通过选取优秀的文学作品来引导学生感受美的力量，培养其审美情趣。这一过程既要考虑作品本身的价值，也要兼顾学生的认知水平和情感体验。因此，教师在选取文学作品时，需注重以下几个方面。

（1）文学作品的经典性与代表性

优秀的文学作品往往具有丰富的内涵和深刻的思想，能够代表某一历史时期或文化背景的精髓。教师可以选择一些具有代表性的经典作品，如《红楼梦》《老人与海》等，让学生通过阅读这些作品，深入了解不同文化和时代的精神内涵。

（2）题材的多样性

文学作品涵盖了丰富多彩的题材，包括爱情、友情、家庭、社会等各个方面。教师可以根据学生的兴趣和需求，选取不同题材的作品，让他们从多个角度感受美的存在和力量。

（3）文学作品的艺术表现形式

文学作品可以通过多种艺术表现形式来展现美的魅力，如文字的运用、形象的描绘、结构的安排等。教师可以引导学生分析作品的艺术特点，从而更深入地理解美的表现形式和内涵。

2. 艺术作品的选取与鉴赏

艺术作品包括绘画、雕塑、音乐、舞蹈等多种形式，每一种形式都有其独特的美学特点和表现方式。在高中语文课程中，教师可以通过选取优秀的艺术作品来拓宽学生的审美视野，培养其对美的感知和欣赏能力。

（1）艺术作品的历史与流派

艺术作品的产生和发展离不开历史和文化的背景，不同流派的作品反映了不同时期和地区的审美观念和艺术风格。教师可以选取一些具有代表性的艺术作品，如文艺复兴时期的绘画作品、巴洛克音乐等，让学生了解不同流派的特点和发展脉络。

（2）艺术作品的表现手法与技巧

艺术作品的表现手法多种多样，如绘画中的色彩运用、雕塑中的造型技巧、音乐中的节奏变化等。教师可以引导学生分析作品的表现手法和技巧，从而提高其对艺术作品的鉴赏能力和理解水平。

（3）跨学科的艺术鉴赏

艺术作品的欣赏不局限于某一门学科，而是涉及多个领域的知识和技能。教师可以组织跨学科的艺术鉴赏活动，如跨学科的综合课程设计、艺术展览参观等，让学生在跨学科的视野中感受美的魅力。

（二）人文关怀的培养

1. 文学作品中的人物形象与情节情感

在高中语文课程中，通过文学作品中的人物形象和情节情感，教师可以引导学生关注他人的生活和命运，从而培养其人文关怀能力。文学作品是情感、思想、价值观交流的载体，通过阅读优秀的文学作品，学生可以深入体验到各种情感和生活体验，进而形成对他人的关爱和关怀。

（1）人物形象的塑造

文学作品中的人物形象往往是作者对人性的深刻观察和刻画，他们的性格、行为和命运反映了社会和历史背景下的生活状态和人文关怀。教师可以选取一些具有鲜明人物形象的文学作品，如《茶馆》中的王利发、《围城》中的钱钟书等，让学生通过阅读这些作品，深入了解不同人物的生活遭遇和内心世界，从而引发对他人的关爱和同情之情。

（2）情节情感的抒发

文学作品中的情节情感是作者对生活经验和情感体验的抒发，通过情节的设置和情感的表达，读者可以感受到人类共同的情感体验和生活感悟。教师可以引导学生分析作品中的情节情感，如《悲惨世界》中的爱与牺牲、《活着》中的生存与希望等，让学生通过情节的展开和情感的抒发，深入感受到人类的悲欢离合，培养其对他人生活的关怀和理解能力。

（3）主题的探讨与反思

文学作品的主题往往涉及人性、生命、爱与恨等深刻的话题，通过探讨作品的主题，学生可以思考人类存在的意义和社会问题，进而培养其对他人命运的关注和思考能力。教师可以组织学生进行主题讨论和作品解读，引导他们从不同的角度思考作品所要表达的人文关怀与价值观，从而深化对他人的关爱和关怀之情。

2.志愿服务与社会实践活动的组织与实施

除了通过文学作品的阅读和分析，教师还可以组织各种志愿服务活动和社会实践活动，让学生亲身参与，增强其社会责任感和公民意识，从而培养其人文关怀能力。

（1）志愿服务活动

志愿服务是学生将个人时间和精力投入到社会公益事业中的一种行为，通过参与志愿服务活动，学生可以深入了解社会问题和弱势群体的生活状况，从而增强对他人的关爱和关怀之情。教师可以组织学生参与各种志愿服务活动，如义教支教、环境保护、扶贫助残等，让他们在实践中感受到帮助他人的快乐和成就感。

（2）社会实践活动

社会实践是学生通过参与社会活动和实践项目，了解社会运行机制和参与社会管理的一种途径，通过社会实践活动，学生可以拓宽自己的社会视野和认知能力，增强对社会问题的敏感度和责任感。教师可以组织学生参与各种社会实践活动，如调研社会问题、参与公益活动、参观社会机构等，让他们从实践中认识到社会的复杂性和多样性，从而培养其对他人的关爱和关怀之情。

（3）社会实践成果的分享与交流

完成志愿服务和社会实践活动后，教师可以组织学生进行成果分享与交流，让他们分享自己的体会和感受，促进彼此之间的交流和互动，从而加深对社会问题和他人命运的关注和理解，进一步培养其人文关怀能力。

（三）道德品质的培养

1.文学作品中的人物形象与道德思考

在高中语文课程中，通过文学作品中的人物形象和情节情感，教师可以引导学生思考和探讨道德问题，从而培养其道德品质和价值观念。文学作品是人类思想和情感的表达，其中所描绘的人物形象和情节情感往往反映了作者对道德问题的思考和探索，通过学习和分析这些作品，学生可以深入了解道德问题的复杂性和深刻性，进而形成自己的道德观念和品德修养。

（1）人物形象的塑造

文学作品中的人物形象往往具有丰富的道德特征和行为表现，通过分析人物形象的塑造，学生可以深入了解道德行为的多样性和复杂性。例如，在《红楼梦》中，林黛玉的坚贞和自尊，贾宝玉的纯真和善良，都是对道德品质的生动描绘，通过学习这些人物形象，学生可以反思自己的道德选择和行为表现。

（2）情节情感的抒发

文学作品中的情节情感往往围绕着道德问题展开，通过情节的设置和情感的抒发，作者向读者传递着对道德的思考和态度。例如，在《老人与海》中，老人在与大鱼搏斗的过程中展现出了坚韧不拔的品质和不屈的精神，这种情感抒发引发了人们对生命意义和道德选择的深入思考。

（3）主题的探讨与反思

文学作品的主题往往涉及道德、人性、生命等深刻的问题，通过探讨作品的主题，学生可以深入思考人生的意义和价值观念。例如，在《小王子》中，作者通过小王子与形形色色的人物的相遇和交流，探讨了友爱、责任、自由等道德主题，引发了读者对人类行为和道德选择的反思和思考。

通过以上方式，教师可以引导学生通过文学作品的阅读和分析，深入思考和探讨道德问题，从而培养其道德品质和价值观念。

2.课堂教育与校园文化建设

除了通过文学作品的学习，教师还可以通过课堂教育和校园文化建设，引导学生树立正确的人生观和道德观，培养其良好的品德和行为习惯。

（1）课堂教育的实施

在高中语文课程中，教师可以通过课堂讨论、案例分析等方式，引导学生深入思考和探讨道德问题，通过讨论和交流，学生可以加深对道德问题的理解和认识。例如，可以选择一些具有争议性的道德问题，如虚伪与真诚、利己与利他等，让学生从不同的角度思考和分析，形成自己的道德判断和态度。

（2）校园文化建设的推进

校园文化是学校教育的重要组成部分，通过校园文化建设，学校可以为学生提供良好的学习和生活环境，引导他们形成积极向上的人生观和道德观。例如，可以组织各种道德讲座和活动，邀请专家学者和社会人士来校园进行道德教育，让学生了解社会的道德规范和价值取向，从而树立正确的人生观和道德观。

（3）学校规章制度的完善

学校规章制度是管理学校教育和生活的重要手段，通过完善学校规章制度，可以引导学生树立正确的行为规范和道德标准。例如，可以制定关于诚信、友爱、奉献等方面的校规，加强对学生的道德教育和引导，从而促进学生形成良好的品德和行为习惯。

第三章　高中语文教学内容与资源选择

第一节　语文教学内容的分类与特点

一、按照教学内容的类型进行分类

（一）语言文字知识与技能

语言文字知识与技能是语文教学的基础，涵盖了词汇、语法、修辞和写作技巧等方面的内容。这些知识和技能的学习与掌握，对学生提高语言文字的运用能力至关重要。

1. 词汇

（1）词汇扩展与丰富

词汇是语言的灵魂，学生通过扩展和丰富词汇量，能够更准确、更生动地表达思想和情感。教师可以通过多种途径帮助学生扩展词汇，如词根词缀的学习，让学生了解词汇的构词法则；同义词、反义词的学习，让学生在表达时有更多的选择余地；词语搭配的学习，让学生掌握词语的常用搭配，提高表达的地道性。

（2）词汇记忆技巧

词汇记忆是学习语言的基础，而记忆词汇往往是学生的一大挑战。教师可以通过多种记忆技巧帮助学生更高效地记忆词汇，如联想记忆法，通过与其他已掌握的知识或形象进行联想，提高词汇的记忆效果；语境记忆法，将词汇放入具体语境中进行记忆，增加词汇的实际运用能力。

（3）词义辨析与运用

在语言表达中，准确地选择词汇显得尤为重要。教师可以通过词义辨析的教学帮助学生区分词义相近但用法不同的词汇，提高其语言表达的准确性。同时，通过词语搭配和语境分析，让学生了解词汇的灵活运用，避免在表达中出现词不达意的情况。

2. 语法

（1）语法规则的解释与应用

语法是语言的骨架，学生通过学习语法规则能够更好地理解语言的结构和逻辑。教师可以通过对语法规则的详细解释，让学生了解语言中各个成分之间的关系，从而在语言运用中做到严谨和清晰。同时，通过大量的语法实例和应用练习，让学生掌握语法规则的具体运用，提高语言表达的准确性和规范性。

（2）句法结构的分析与拓展

句法结构是语言表达的基础，学生通过分析句子的结构能够更深入地理解语言的逻辑和连贯性。教师可以通过分析不同类型的句子结构，如简单句、复合句、并列句等，让学生掌握句子构成的规律和特点。同时，通过句法结构的拓展练习，让学生能够灵活运用不同的句子结构，丰富语言表达的形式和层次。

（3）语法意识的培养与提升

语法意识是指学生对语言结构和规则的敏感性和把握能力，是语言运用能力的重要组成部分。教师可以通过多种途径培养和提升学生的语法意识，如语法意识训练游戏，让学生在游戏中体验语法规则的应用；语法意识反思活动，让学生通过语言实践反思和总结语法规则，提高对语言结构的敏感性和理解能力。

3. 修辞

（1）修辞手法的解析与应用

修辞是语言的艺术，通过修辞手法能够使语言更具有表现力和感染力。教师可以通过解析不同的修辞手法，如比喻、象征、排比、对偶等，让学生了解修辞手法的特点和运用技巧。同时，通过大量的修辞实例分析和应用练习，让学生能够灵活运用各种修辞手法，提高语言表达的艺术水平。

（2）修辞效果的评价与创新

修辞手法的运用不仅要求学生掌握基本技巧，还需要他们具备评价和创新的能力。教师可以通过分析修辞效果的评价标准，如表达的生动性、形象的鲜明性、情感的感染力等，让学生能够客观评价修辞表达的优劣。同时，通过启发学生进行修辞创新活动，如修辞手法的变形运用、修辞手法的个性化创造等，提高学生的语言表达创新能力和审美水平。

（二）文学作品阅读与鉴赏

文学作品阅读与鉴赏是语文教学中的重要内容，涵盖了古代文学、现代文学、外国文学等方面的作品，通过阅读文学作品，学生可以感受美的存在和力量，提高审美情趣和文学素养。

1. 古代文学

古代文学作为中华民族的文化瑰宝，具有深厚的历史底蕴和艺术价值。学生通过阅读古代文学作品，如《聊斋志异》《红楼梦》《西游记》等，可以了解古代文化和传统价值观，感受古人的智慧和情感。

2. 现代文学

现代文学是当代社会生活和精神世界的反映，具有鲜明的时代特征和个性风采。学生通过阅读现代文学作品，如《围城》《金锁记》《活着》等，可以了解现代社会的变化和人性的真实，思考人生的意义和价值。

3. 外国文学

外国文学作为世界文学的重要组成部分，具有丰富多彩的文化传统和艺术风格。学生通过阅读外国文学作品，如《罗密欧与朱丽叶》《傲慢与偏见》《堂吉诃德》等，可以了解不同文化背景下的人生观和价值观，拓宽视野，增强跨文化交流能力。

文学作品阅读与鉴赏是培养学生审美情趣和文学素养的重要途径，通过深入地阅读与分析，学生可以领略文学的魅力，感受人生的深刻意义，提高对世界的认知和理解能力。

（三）文化常识与人文素养

文化常识与人文素养是语文教学中不可或缺的内容，包括文化常识、历史知识、传统文化、现代文明等方面的内容。通过学习这些知识，学生可以了解社会文化的发展历程，培养人文关怀和社会责任感。

1. 文化常识

文化常识是指人们对社会文化生活的一般性了解和认识，包括科学技术、地理环境、艺术文化等方面的内容。学生通过学习文化常识，可以了解社会的发展现状和科技进步，增强社会适应能力和文化自信心。

2. 历史知识

历史知识是人类社会发展的重要记录和反映，包括古代历史、现代历史、世界历史等方面的内容。学生通过学习历史知识，可以了解人类社会的发展历程和演变规律，培养历史思维和历史文化素养，增强对传统文化的认同和传承。

3.传统文化

传统文化是一个民族的精神基因和文化传统，具有深厚的历史积淀和文化内涵。学生通过学习传统文化，如中国传统文化、民间艺术、礼仪习俗等，可以了解民族文化的特点和魅力，增强文化自信和民族自豪感。

（四）现实生活与社会实践

现实生活与社会实践是语文教学中的重要内容，包括时事新闻、社会问题、科技进展等方面的内容。通过了解和参与社会实践，学生可以拓宽视野，增强社会责任感和公民意识。

1.时事新闻

时事新闻是社会生活的重要组成部分，反映了时代的特点和社会的变化。学生通过关注时事新闻，可以了解国内外的政治经济、社会文化等方面的动态，增强社会适应能力和信息素养。

2.社会问题

社会问题是社会生活中的热点和难点，涉及人们的生存与发展、权利与义务等方面的议题。学生通过探讨社会问题，可以增强社会意识和社会责任感，培养独立思考和批判思维能力。

3.科技进展

科技进展是现代社会发展的重要动力和推动力，涉及科学技术、信息技术、生物技术等方面的内容。学生通过了解科技进展，可以跟上时代潮流，增强科学素养和创新能力，为未来的发展做好准备。

二、按照教学内容的特点进行分析

（一）系统性与结构性

语文教学内容的系统性与结构性是指语文知识体系的完整性和内在联系的特点。这种特点要求教学内容的组织和呈现具有系统性，各部分之间有着明确的逻辑关系，以便学生能够系统地理解和掌握语文知识。

1.系统性的体现

（1）知识体系完整性

语文教学内容涵盖了语言文字、文学作品、文化常识等多个方面，构成了一个完整的语文知识体系。这个体系不仅包含了基础知识，还包括了高级知识和拓展知识，从而为学生提供了全面的学习资源。

（2）内在联系和逻辑关系

不同部分的语文知识之间存在着内在的联系和逻辑关系，例如，语言文字知识是文学作品阅读与鉴赏的基础，文学作品又反映了特定时代的文化和社会背景，而文化常识又影响着人们的语言运用和文学审美。因此，在教学过程中，需要注重对这些内在联系和逻辑关系的理解和呈现。

2. 结构性的体现

（1）层次分明

语文教学内容应该按照一定的层次和顺序组织，使得学生能够逐步深入、逐步扩展地学习语文知识。例如，从简单到复杂、从易到难、从表面到深层等层次上进行组织，帮助学生建立起系统的知识结构。

（2）逻辑严谨

教学内容的组织应该符合逻辑严谨的原则，确保各部分之间的衔接和推进关系。例如，在教学过程中，需要遵循先易后难、由浅入深、由点及面的教学原则，帮助学生建立起完整而清晰的知识体系。

系统性与结构性的教学内容安排有助于学生全面、系统地掌握语文知识，提高语文素养和表达能力，为他们的学习和发展提供了有力支撑。

（二）多样性与丰富性

语文教学内容的多样性与丰富性是指教学内容涵盖了丰富多彩的知识和素材，包括语言文字、文学作品、文化常识等各个方面。这种特点要求在教学设计中充分考虑到学生的多样化需求，通过多样化的内容安排，满足不同学生的学习需求。

1. 多样性的体现

（1）涵盖多个方面

语文教学内容不仅包括了语言文字知识，还包括了文学作品的阅读与鉴赏、文化常识的学习、现实生活与社会实践的探究等多个方面。这样的多样性使得学生在学习语文的过程中能够接触到不同类型的知识和素材，拓宽了他们的视野和知识面。

（2）涵盖多个层次

教学内容的多样性不仅表现在内容的多个方面上，还表现在内容的多个层次上。例如，语言文字知识的学习既包括了基础知识的掌握，也包括了高级技能的培养；文学作品的阅读既包括了古典名著的欣赏，也包括了当代文学的解读。

2. 丰富性的体现

（1）内容丰富

语文教学内容涵盖了丰富多样的知识和素材，包括了历史文化、社会现实、科技进展等各个方面的内容。这些内容丰富多彩，能够激发学生的兴趣和好奇心，促进他们的学习动力和主动性。

（2）形式丰富

教学内容的丰富性不仅表现在内容的多样性上，还表现在教学形式的丰富性上。例如，在教学过程中可以采用讲授、讨论、实验、实践等多种教学方法，以及课堂、课外、社会实践等多种教学场景，丰富了学生的学习体验和感受。

三、教学内容的选择与组织的现状分析

（一）教师对学习任务群的理念缺乏深刻理解

教师对学习任务群的理念理解不够深刻，这一问题导致教学内容呈现泛化、碎片化的倾向。学习任务群作为新的教学理念，是对过去教学模式的一次革新和挑战。然而，教师在接纳和应用这一理念时，往往仅停留在表面层面，未能深入理解其内涵和实质，从而影响了教学效果。要完善地理解学习任务群理念的内涵，首先需要认识到其与过去教学模式的区别与联系。学习任务群强调的是以学习任务为核心，通过任务的设计和组织来引导学生学习，实现知识、能力、情感的综合发展。而传统的教学模式往往以教师为中心，注重知识的传授和灌输，忽视了学生的主体地位和自主学习能力的培养。因此，教师需要意识到学习任务群理念的核心是要激发学生的学习兴趣和动力，培养其自主学习和问题解决能力。其次，教师需要转变教学方式和方法，从传统的"灌输式"教学转向"引导式"教学。学习任务群的核心在于设计和组织任务，而不是简单地传授知识。因此，教师应该注重任务的设计与安排，使之符合学生的实际需求和学习水平，激发其学习兴趣和探究欲望。同时，教师还应该注重引导学生思考和合作学习，通过小组合作、讨论交流等方式，培养学生的团队合作和沟通能力。最后，教师需要注重评价与反思，及时调整教学策略和方法。学习任务群理念强调的是学生的学习过程和结果，因此评价也应该从传统的考试评价向多元化的评价方式转变。教师可以采用观察记录、作品展示、口头表达等形式，全面评价学生的学习情况和能力发展，及时发现问题并进行调整和改进。

（二）教学内容的选择与组织在一定程度上缺少确定性

语文教学中的内容选择与组织确实存在一定程度的不确定性，这在一定程度上影响了教学效果和学生的学习积极性。相比其他学科的教学标准，语文课程标准在内容确定性上显得相对模糊。这主要体现在 2017 年中学语文教材中采用了以"学习任务群"为基础的组织方式。在这种组织下，语文教学的内容被划分为多个任务群，如"阅读与研讨""当代文化参与""跨媒介阅读"等，每个任务群下又有一系列学习目标和内容提示。

然而，这种组织方式给教师带来了一定的挑战。因为任务群的设置虽然提供了一定的灵活性和开放性，但缺乏具体的教学要求和指导，导致教师在授课时往往难以抓住重点，不清楚应该如何有条理地展开教学。同时，学生在学习过程中也难以理清知识的脉络和体系，无法像其他学科那样系统地进行学习。这种不确定性既影响了教学的效率，又影响了学生的学习动力和学习效果。

（三）课堂教学中教学内容的选择与组织存在无序现象

课堂教学中，教学内容的选择与组织存在一定的无序现象。尽管语文课程强调学生应掌握听、说、读、写等综合能力，但在实际授课过程中，这些能力往往被简化。学生在完成具体任务时，教师可能仅关注任务的完成情况，而忽视了这一过程中所涉及的知识和技能的内化与理解。例如，在写作教学中，关键不在于学生是否能完成写作任务，而在于他们是否真正掌握了相关知识和技能。然而，当前教学内容的选择与组织在这方面表现得并不理想。

在查阅相关的案例研究时发现，教师在写作教学中的支架搭设活动中也存在类似的问题。虽然教师在教学设计中投入了大量准备，详细交代了教学背景和文体知识，并设计了例文引导师生对话，但由于缺乏对写作内容的真实情境性的把握，导致教学重点与难点没有得到有效识别。教师虽设计了充实的教学活动，但由于例文解读中占用了过多时间，未能充分发挥学生已有学习经验的作用，最终使得教学的实质内容被模糊化。

在真实任务情境下指导学生建构知识，是当前高中语文课堂教学转型的重要任务之一。专题学习统领下的写作教学，受制于双重任务情境，教学内容更具开放性、自主性和建构性。针对专题教学的特点，教师在开展写作教学时，需要在精心创设任务情境、选择学习资源、搭建学习支架的基础上，指导学生自主选择资源，为写作教学的课堂生成做好铺垫；同时，教学的重心应放在核心写作知识的转化和运用上。

第二节　语文教学资源的种类与利用

一、立足语文教材

语文教材是语文教学的基础和依托，其编撰经过科学的方法和精心的策划，融合了各方智慧，包含了大量的名篇佳作，具有极高的教学价值。然而，在实际教学中，教师对语文教材的利用存在着一定程度的不足。受应试教育思维的影响，许多教师过于追求知识点的覆盖和进度的推进，而忽视了对教材中经典名篇的深入挖掘。这种现象导致了教材资源的浪费，不利于语文教学的发展。实际上，语文教材蕴含了丰富的科学性和审美性，不仅是学生学习语文知识、提高语文素养的基础，也是培养学生创新能力和探索精神的重要途径。

（一）深入挖掘教材资源

在语文教学中，教师应该深入挖掘教材资源，引导学生真正地走进教材，与文章作者进行心灵对话，让学生深入理解作者的意图，领悟文章的内涵。这一过程不仅有助于学生对文学作品的理解，还能够激发学生对文学的热爱和向往。

1. 文学作品的深度解读

教师可以针对教材中的经典名篇，进行深度解读。通过分析作品的情节、人物、背景等要素，帮助学生理解作品的内涵和主题，引导他们逐步领悟作品背后蕴含的深刻哲理和人生智慧。例如，在教授《红楼梦》时，教师可以引导学生分析作品中的人物形象、情节安排，深入探讨作品反映的社会现实和人性问题，从而提升学生的文学鉴赏能力和人文素养。

2. 文学作品的情感体验

除了理性分析，教师还应该引导学生从情感上去体验文学作品。通过朗读、演绎等形式，让学生沉浸在作品的情感氛围中，感受其中蕴含的情感张力和审美情趣。例如，在教学《诗经》时，教师可以引导学生朗读古诗词，感受其中蕴含的深情和禅意，通过情感共鸣来理解和欣赏古代诗人的情感表达和人生感悟。

3. 作品背后的文化内涵

每一部文学作品都蕴含着特定的历史背景和文化内涵，教师应该引导学生了解作品所处的时代背景和文化语境，从而更好地理解作品的意义和价值。例如，在教学《西游记》时，教师可以介绍中国古代神话传说、道教文化等相关知识，帮助学生理解作品中的神话元素和文化符号，从而增进对作品的理解和欣赏。

（二）创造性地利用教材资源

1. 模仿创作与改编课文

教师可以组织学生进行模仿创作和改编课文的活动，让他们根据教材中的经典作品，进行文学创作和重构，发挥自己的想象力和创造力。例如，在教学古典文学时，教师可以引导学生根据小说情节和人物形象，进行短篇小说或诗歌的创作，从而培养学生的文学表达能力和创造性思维。

2. 跨学科的教学探索

教师可以借助跨学科的教学资源，引导学生进行跨学科的教学探索和创新活动。通过结合语文与历史、地理、艺术等学科知识，拓宽学生的学科视野，促进他们综合运用各种知识和技能，实现跨学科的学习和交流。例如，在教学古诗词时，教师可以引导学生了解古代诗人的生平和历史背景，从而更好地理解和欣赏诗歌的意境和艺术魅力。

3. 创新教学方法与技术应用

教师可以运用创新的教学方法和技术，激发学生的学习兴趣和主动性。通过项目式学习、合作学习、信息技术等手段，打破传统的教学模式，促进学生思维的活跃和创新能力的培养。例如，教师可以组织学生利用网络资源和多媒体技术，制作文学作品的电子书或微电影，通过创新的方式呈现作品的内涵和意义，激发学生对文学的兴趣和热

（三）充分发挥教材的多重功能

语文教材不仅是知识的载体，更是情感、思想的传递者。教师应利用教材的多重功能，引导学生感悟人生、品味文学，培养其审美情趣和人文素养。通过对教材中的经典名篇进行精心解读和赏析，激发学生对文学的热爱和向往。

1. 情感与情绪的体验

教师可以通过教材中的文学作品，引导学生体验其中蕴含的丰富情感和情绪。通过朗读、情感表达等方式，让学生沉浸在作品的情感世界中，感受其中的喜怒哀乐，激发学生的情感共鸣和情感表达能力。例如，在教学《红楼梦》时，教师可以引导学生感受作品中的爱恨情仇、荣辱得失，通过情感体验来理解作品所传达的人生哲理和情感价值。

2. 思想与人生的思考

教材中的文学作品往往蕴含着丰富的思想内涵和人生智慧，教师应该引导学生从中汲取思想营养，进行人生思考和反思。通过分析作品中的人物形象、情节发展等要素，帮助学生领悟作品所传达的人生哲理和价值观，引导他们对人生进行深刻思考和反思。例如，在教学《论语》时，教师可以引导学生分析孔子的言行举止，领悟其中蕴含的道德原则和处世哲学，从而启发学生对人生价值观和行为准则的思考。

3. 文学艺术的欣赏与鉴赏

教师应该通过教材中的文学作品，引导学生进行文学艺术的欣赏与鉴赏，培养其审美情趣和艺术鉴赏能力。通过分析作品的语言表达、结构布局、意境描绘等要素，帮助学生领悟作品的艺术魅力和审美特点，提升其文学鉴赏水平。例如，在教学《唐诗宋词》时，教师可以引导学生分析诗词的音韵美、意境美，欣赏其中蕴含的情感和意象，从而培养学生对诗词艺术的欣赏和鉴赏能力。

二、充分挖掘学校资源

学校是学生学习知识、增长见识、培养能力的理想场所，到处充满着各种可以被发掘和利用的课程资源。教师可以组织学生参加各种名著欣赏课、读书交流会、时事讨论活动、辩论赛等，丰富学生的课外生活，拓宽他们的知识视野和学习空间。

（一）丰富多彩的课外活动

在学校中，丰富多彩的课外活动为语文教学提供了宝贵的资源和平台。这些活动不仅可以激发学生对文学的兴趣和热爱，还可以增加他们的阅读量和阅读广度，培养其综合素养和批判思维能力。

1. 读书分享会与文学沙龙

读书分享会是学校中常见的课外活动之一，通过组织学生分享自己喜爱的读物、讨论阅读心得，可以促进学生之间的交流与互动，拓宽他们的阅读视野。文学沙龙则是针对文学作品展开深入讨论和思考的活动，学生可以通过沙龙分享自己的文学鉴赏与感悟，促进思想碰撞与启发。

2. 朗诵比赛与戏剧表演

朗诵比赛和戏剧表演是培养学生语言表达能力和艺术素养的重要途径。通过参与朗诵比赛，学生可以锻炼语言的节奏感和表现力，提升自身的朗诵水平。而戏剧表演则是让学生通过角色扮演、情感表达等方式，深入理解文学作品的内涵与情感，并将其生动地呈现出来。

3. 创意写作比赛与作文辅导

创意写作比赛和作文辅导活动旨在激发学生的创作潜能和写作能力。通过组织创意写作比赛，可以激发学生的写作兴趣，培养其创新思维和想象力。同时，作文辅导活动则是针对学生写作中的问题和困惑，提供个性化的指导和辅导，帮助他们提升写作水平。

（二）利用校园资源进行实践活动

学校内部的各种设施和资源都可以成为语文教学的载体和实践基地。通过组织学生进行校园文化探索、历史文物鉴赏等实践活动，可以丰富学生的学习体验，促进其全面发展。

1. 校园文化探索活动

学校拥有丰富的文化资源，教师可以组织学生进行校园文化探索活动，引导他们走进校园的历史建筑、文化遗迹等，感受学校的历史底蕴和文化氛围。通过实地考察和调研，学生可以深入了解学校的发展历程和文化传统，增强对学校的归属感和自豪感。

2. 历史文物鉴赏活动

学校的博物馆、纪念馆等也是丰富的教学资源。教师可以带领学生参观这些地方，进行历史文物鉴赏活动，让学生近距离接触和感受历史的厚重和文化的底蕴。通过观察、品味、解读历史文物，学生可以加深对历史知识和文化传统的理解，激发对历史文化的热爱和向往。

3. 生态环境调查与实践活动

学校周边的自然环境也是丰富的教学资源。教师可以组织学生进行生态环境调查和实践活动，走出教室，走向大自然，感受自然的美丽和奥妙。通过观察、记录、分析生态环境，学生可以增强对生态环境保护的意识和责任感，培养其热爱自然、保护环境的意识和行动能力。

（三）引导学生走出课堂，走向社会

学校作为学生学习与成长的重要场所，同时也应是他们走向社会的桥梁和平台。通过组织学生参与社会实践活动、社区服务等，可以让他们亲身感受社会的多样性和复杂性，增强社会责任感和担当意识。

1. 社会实践活动

学校可以组织学生参与各类社会实践活动，如参观博物馆、参与志愿者活动、参加社会调研等。通过参与这些活动，学生可以了解社会的运作机制和各种社会问题，增强社会适应能力和社会责任感，培养其独立思考和解决问题的能力。

2. 社区服务与义工活动

学校可以积极与社区合作，组织学生参与各类社区服务和义工活动。通过开展清洁环保、扶老助残、关爱留守儿童等活动，学生可以体验到服务他人的快乐和成就感，培养其奉献精神和团队合作意识，同时也加深了对社会的认识和理解。

3. 参与社会调查与社会实践报告

学校可以组织学生开展社会调查研究，让他们选择感兴趣或关注的社会问题进行调查和分析，并撰写社会实践报告。通过这样的活动，学生可以深入了解社会现实，提高自己的社会观察和分析能力，培养批判性思维和社会责任感。

三、广泛利用日常生活中的资源

生活处处皆语文，教师应引导学生在日常生活中多加观察、认真体验，将生活中的点滴变化与语文知识相结合，从而丰富语文教学的内容和形式。

（一）生活化的教学案例

生活化的教学案例是指将学生的日常生活和实际情境融入语文教学中，设计与学生生活息息相关的案例和活动。这样的教学方法能够使学生更加主动地参与学习，将抽象的语文知识与生活场景相联系，从而更加深入地理解和掌握知识。在生活化的教学案例中，教师可以运用多种教学策略，如情景模拟、角色扮演、实践探究等，以激发学生的学习兴趣和创造力。

1. 叙事文创作活动

在学习叙事文时，教师可以组织学生进行生活化的叙事文创作活动。通过这样的活动，学生可以将自己的生活经历或观察到的事物作为创作素材，进行叙事文的创作。例如，教师可以要求学生根据自己的亲身经历或观察到的事件，进行故事情节的构思和情感描写，从而让学生在创作中感受到语文的乐趣和创造力。例如，学生小明在周末参加了一次户外郊游活动，回到学校后，老师要求他们根据自己的体验，写一篇叙事文章。小明选择了一次与家人在山区野餐的经历作为创作素材，他用生动的语言描绘了家人之间的欢乐氛围、大自然的美景以及自己的内心感受。在老师的指导下，小明通过这次创作活动，不仅提高了自己的写作能力，还更加深入地理解了叙事文的写作技巧和表达方式。

2.诗歌创作与自然体验

在学习诗歌时，教师可以组织学生进行与大自然的亲近体验，并结合这些体验进行诗歌创作。通过走进自然，感受大自然的美好和奇妙，学生可以激发出真情实感的诗作，从而提升其语文表达能力和情感表达能力。例如，教师带领学生走进校园的花园或附近的公园，在自然环境中进行观察和体验。学生们用心感受春天的清新、夏天的炎热、秋天的萧瑟、冬天的寒冷，然后回到教室，根据自己的体验和感受，进行诗歌的创作。他们可以选择自己喜爱的季节或自然景物进行创作，通过诗歌表达对大自然的热爱和赞美之情。

（二）利用生活中的情感体验

情感在语文教学中扮演着重要角色，它能够使学生更深刻地理解和感受文学作品中所表达的情感，并与之产生共鸣。通过引导学生通过生活中的情感体验，教师可以增强学生对文学作品的理解和欣赏，培养其情感表达能力和审美情趣。

1.情感回忆与亲情文章

在学习一篇描写亲情的文章时，教师可以引导学生回忆自己与家人之间的亲情经历，通过情感回忆，使学生更加深刻地理解文章中所表达的亲情之美。

（1）情感回忆活动

教师可以设计一些情感回忆的活动，让学生回忆自己与家人之间的温馨时刻或感人经历。学生可以选择一件他们觉得特别有意义的家庭事件，如父母的关爱、兄弟姐妹的相互扶持等，并用文字记录下来。

（2）文章解读与共鸣

在学习亲情文章时，教师可以与学生分享自己的情感回忆，并引导学生将自己的经历与文章中的情节相联系，体会文章所表达的亲情之深。通过与文章的对比和共鸣，学生能够更加深刻地理解和感受到文章中所蕴含的情感，并增强对文章的共鸣和理解。

2.情感投射与文学作品

除了回忆亲情经历外，教师还可以引导学生将自己的情感投射到文学作品中，与作品中的人物情感产生共鸣，从而更加深入地理解和欣赏文学作品。

（1）情感投射活动

教师可以选择一些具有代表性的文学作品，如诗歌、小说等，让学生阅读并选择其中的一个人物或情节进行情感投射。学生可以根据自己的情感体验和理解，揣摩人物的内心世界，从而更好地理解和感受作品中的情感表达。

（2）情感表达与欣赏

在阅读文学作品时，教师可以与学生一起分析作品中的情感表达方式，并引导学生用自己的语言表达对作品中情感的理解和感受。通过情感的投射和表达，学生能够更加深入地理解和欣赏文学作品，增强对文学的热爱和向往。

（三）鼓励学生积极参与社会实践

参与社会实践是语文教学中一种重要的教学方法，它能够帮助学生将所学知识应用到实际生活中，增强语文学习的实践性和可持续性。通过社会实践活动，学生能够深入了解社会、感受语文的力量和魅力，培养实践能力和社会责任感。

1. 社区义工活动

社区义工活动是学生参与社会实践的重要途径之一。通过参与社区义工活动，学生可以与社区居民进行交流和服务，感受语言的交流与沟通的重要性，培养自己的社会责任感和公民意识。

（1）组织实践活动

教师可以组织学生参加各种社区义工活动，如清洁环境、植树造林、志愿服务等。学生可以通过实际行动为社区作出贡献，同时与社区居民交流，了解他们的需求和困难。

（2）语文实践与反思

在参与社区义工活动的过程中，教师可以引导学生记录自己的所见所闻和所感所悟，通过文字表达自己对社区活动的理解和感受。学生可以结合所学的语文知识，写下自己的心得体会，反思社会实践活动对自己的影响和意义。

2. 环保组织活动

环保组织活动是学生积极参与社会实践的另一种形式。通过参与环保组织的活动，学生可以了解环境保护的重要性，培养环保意识和行动能力，同时用语文表达对环境保护的理解与支持。

（1）组织实践活动

教师可以组织学生参加各种环保组织活动，如垃圾分类、环境保护宣传、绿色生活倡导等。学生可以通过实际行动保护环境，传播环保理念，同时与其他环保志愿者进行交流和合作。

（2）语文实践与反思

在参与环保组织活动的过程中，教师可以引导学生用语文表达对环保活动的理解和支持。学生可以通过写作、演讲等形式，表达自己对环境保护的态度和观点，同时反思自己的环保行动对环境和社会的意义。

四、充分利用网络资源

网络资源具有丰富的信息量和更新速度快的特点，教师可以充分利用网络资源来拓展语文教学的内容和方式，丰富学生的学习体验和知识视野。

（一）多样化的网络平台

1. 在线教育网站

（1）丰富的教学资源

在线教育网站提供了丰富多样的教学资源，包括视频课程、教学文档、在线测验等。教师可以根据教学内容的需要，选择合适的资源进行引导和推荐，帮助学生更好地理解和掌握知识。

（2）灵活的学习方式

在线教育网站为学生提供了灵活的学习方式，他们可以根据自己的时间和进度，自主选择学习内容和学习时间。这种自主学习的方式有助于培养学生的自主学习能力和解决问题的能力。

（3）全球化的学习资源

在线教育网站上的教学资源来自全球各地，涵盖了各种学科和领域。学生可以通过在线教育网站接触到国内外优质的教学资源，拓宽自己的学习视野，提高自己的学习水平。

2. 教学博客

（1）分享教学资源

教学博客是教师分享教学资源和经验的重要平台。教师可以在博客上发布教学笔记、教学案例、教学心得等内容，与学生进行分享和交流，丰富教学内容，激发学生的学习兴趣。

（2）互动交流

教学博客为师生之间的互动和交流提供了便利的平台。学生可以在博客上留言提问，教师可以及时回复解答，促进师生之间的互动和交流，增强教学效果。

（3）反思总结

教学博客还可以用于教师的反思和总结。教师可以在博客上记录每堂课的教学情况和学生表现，反思教学过程中存在的问题和不足，总结教学经验和教学方法，为今后的教学实践提供借鉴和参考。

3.社交媒体

（1）便捷的信息发布

社交媒体平台为教师提供了便捷的信息发布渠道。教师可以在社交媒体上建立教学群组或页面，及时发布教学信息、布置作业、答疑解惑，为学生提供便利的学习服务。

（2）互动交流

社交媒体平台为师生之间的互动和交流提供了便捷的平台。学生可以在社交媒体上与教师和同学进行在线互动和交流，分享学习心得、讨论问题，促进学习成果的共享和交流。

（3）拓展学习空间

社交媒体平台可以拓展学生的学习空间，为他们提供更广阔的学习平台。学生可以通过社交媒体获取到丰富多样的学习资源和信息，拓宽自己的学习视野，丰富自己的学习体验。

（二）丰富的网络课程

1.在线阅读课程

在线阅读课程是学生提高阅读能力和阅读理解能力的有效途径之一。通过这些课程，学生可以系统地学习各种文学作品，并深入理解其背后的文化、历史和社会背景。以下是一些可以丰富在线阅读课程内容的建议：

（1）文学流派与作家介绍

引导学生了解不同的文学流派，如现实主义、浪漫主义、现代主义等，并介绍相关的代表作家及其作品。通过对作家生平、创作背景等的介绍，帮助学生更好地理解作品内容。

（2）文学分析与评论

指导学生进行文学作品的深度分析和评论，包括对主题、人物、情节、语言运用等方面的分析。通过学习专业的文学批评方法，培养学生的批判性思维和文学鉴赏能力。

（3）跨文化阅读

组织学生阅读来自不同文化背景的文学作品，促进跨文化交流和理解。可以选择经典的世界文学作品，如《鲁滨逊漂流记》《傲慢与偏见》等，让学生领略不同文化的魅力。

2. 语文写作课程

语文写作课程是学生提高写作能力和表达能力的重要途径之一。以下是一些可以丰富在线语文写作课程内容的建议：

（1）写作技巧与方法

系统性地介绍写作的基本技巧和方法，包括构思、组织结构、选材、文字表达等方面。通过实例分析和练习，帮助学生掌握写作的基本原理和技巧。

（2）文体与写作风格：

绍不同文体（如记叙文、说明文、议论文等）的特点和写作技巧，引导学生根据写作目的和对象选择合适的文体和风格。同时，鼓励学生发展个性化的写作风格，培养独特的表达能力。

（3）实践与反馈

组织学生进行写作实践，并提供及时、针对性地反馈和指导。可以通过作业、写作比赛等形式，激发学生的写作热情，促进写作能力的提高。

（三）个性化的学习资源

1. 文学网站

文学网站作为学生获取文学作品和文学资讯的重要平台，其内容丰富多样，涵盖了各个文学流派和时期的经典作品以及相关的评论和分析。以下是一些值得推荐的文学网站以及其特点：

（1）经典文学作品在线阅读

许多文学网站提供了经典文学作品的免费在线阅读服务，学生可以通过这些网站方便地阅读到《红楼梦》《傲慢与偏见》等文学名著，拓宽自己的阅读视野。

（2）文学评论与解读

一些文学网站还提供了丰富的文学评论和解读资源，包括对作品背景、主题、人物等方面的分析，帮助学生深入理解文学作品的内涵和意义。

（3）作家专栏和文学动态

学生可以通过文学网站了解到作家的生平和创作经历，以及最新的文学动态和活动信息，如文学奖项、讲座等，为学习和探索文学提供了丰富的参考资料。

2. 博客文章

博客文章作为学生获取信息和知识的重要来源之一，其内容涵盖了各个领域和话题，包括文学、科学、艺术、社会等。以下是一些值得推荐的博客资源以及其特点：

（1）文学创作经验分享

一些作家或文学爱好者在博客上分享了自己的创作经验和心得体会，包括写作技巧、创作方法、灵感来源等，为学生提供了宝贵的写作参考和启发。

（2）文学评论与批评

一些文学评论家或学者在博客上发表了对文学作品的评论和批评文章，深入剖析作品的内涵和价值，帮助学生更好地理解文学作品并扩展其阅读视野。

（3）跨学科话题探讨

一些博客涉及了文学与其他学科的交叉领域，如文学与历史、文学与心理学等，为学生提供了多元化的思维刺激和学术探索空间。

3. 在线阅读平台

在线阅读平台为学生提供了便捷的阅读资源和阅读体验，其内容丰富多样，涵盖了各种文学作品和主题。以下是一些值得推荐的在线阅读平台以及其特点：

（1）个性化推荐系统

许多在线阅读平台配备了个性化推荐系统，根据用户的阅读偏好和历史记录，推荐适合其口味的文学作品，提高了阅读的针对性和趣味性。

（2）交互式阅读体验

一些在线阅读平台提供了丰富的交互式阅读功能，如添加笔记、标注、讨论区等，使阅读过程更加生动和有趣，促进了学生的阅读体验和互动交流。

（3）多样化的阅读资源

在线阅读平台上的阅读资源种类繁多，涵盖了小说、诗歌、散文、报告文学等各种文学形式，满足了不同学生的阅读需求和兴趣爱好。

五、重视师生交流，学会挖掘师生资源

教师和学生是语文教学中最重要的资源，他们的交流和合作对于语文教学的发展至关重要。教师应该重视师生之间的交流，学会挖掘和利用师生资源。

（一）建立良好的师生关系

1. 建立信任关系

（1）关心学生的学习和生活情况

教师应该关心学生的学习和生活情况，了解他们的家庭背景、兴趣爱好以及学习动机，让学生感受到教师的关心和支持。通过与学生建立起良好的沟通渠道，了解他们的需求和困惑，为他们提供及时的帮助和指导。

（2）促进师生之间的情感交流和连结

教师应该与学生建立起情感上的连接，让学生感受到教师的温暖和支持。通过与学生的真诚交流和互动，增进彼此之间的信任和理解，建立起良好的师生关系，为教学活动的顺利开展奠定基础。

2. 倾听和理解

（1）尊重学生的个性和差异

教师应该尊重学生的个性和差异，给予他们充分的表达空间和机会。通过倾听学生的想法和意见，理解他们的需求和期望，调整教学策略和方法，使教学更加符合学生的实际情况和需求。

（2）提高教学效果和学生满意度

教师应该根据学生的反馈意见，不断改进教学方法和手段，提高教学效果和学生满意度。通过与学生的密切合作和互动，不断调整教学策略，使教学更加生动有趣，激发学生的学习兴趣和主动性。

（二）引导学生主动参与教学活动

1. 课堂讨论

（1）开放式问题引导

教师在课堂上可以提出一些开放性的问题，引导学生进行讨论。这些问题可以涉及课文内容、社会现象、学生个人经历等多个方面，激发学生的思考和探索欲望。通过讨论，学生可以从不同角度思考问题，拓展思维，培养批判性思维和表达能力。

（2）促进师生互动和交流

在课堂讨论中，教师应该注重师生互动和交流。教师既要充当引导者的角色，引导学生思考和表达，又要扮演倾听者的角色，倾听学生的观点和想法。通过师生之间的积极互动，促进学生主动参与，增强课堂氛围和教学效果。

2. 小组合作

（1）培养团队合作精神

教师可以将学生分成小组，让他们共同探讨和解决问题。通过小组合作，学生可以相互协作，共同完成任务，培养团队合作精神和交流能力。在合作过程中，学生可以学会倾听他人意见、尊重他人想法，培养良好的人际关系和团队合作意识。

（2）发挥各自优势

小组合作可以让学生发挥各自的优势，共同完成任务。每个学生都有自己的特长和长处，在小组合作中可以相互借鉴和学习，共同进步。教师可以根据学生的实际情况和需求，合理分组，让每个小组都能充分发挥作用，提高学习效率和成果。

（三）充分利用学生的个人特长和才华

1. 个性化指导

（1）了解学生的个性特点和学习风格

教师应该通过观察和交流，了解每个学生的个性特点和学习风格。每个学生都是独一无二的个体，他们的学习方式和需求各不相同。通过了解学生的性格、兴趣爱好、学习习惯等方面的信息，教师可以更好地为他们提供个性化的指导和支持。

（2）针对不同学生的需求和特长给予指导

在教学过程中，教师应该根据学生的个性特点和学习风格，给予针对性地指导和支持。对于一些善于逻辑思维的学生，可以通过提供更多的思维导图和逻辑分析题目，激发他们的学习兴趣和动力；对于一些善于表达的学生，可以通过提供更多的写作机会和讨论平台，发挥他们的表达能力和创造力。

（3）激发学生的学习动力和潜力

通过个性化的指导和支持，教师可以激发学生的学习动力和潜力，提高他们的学习效果和成就感。当学生感受到教师的关心和支持，他们会更加积极主动地参与学习，发挥自己的特长和才华，实现个性化发展和全面成长。

2. 鼓励创新和探索

（1）提供丰富多样的学习资源和机会

教师应该提供丰富多样的学习资源和机会，鼓励学生勇于探索和创新。通过开展课外活动、组织实践项目等方式，为学生提供更多的学习机会和平台，让他们在实践中学会探索和创新，培养创新精神和实践能力。

（2）激发学生的学习热情和求知欲

教师应该通过激发学生的学习热情和求知欲，引导他们勇于探索和创新。通过设计有趣的学习任务和活动，提供启发式的问题和挑战性的项目，激发学生的好奇心和求知欲，促进他们积极主动地参与学习，发挥自己的特长和才华。

第三节　语文教学资源的评价标准与方法

一、教材资源评价的准则与方法

（一）教材内容质量评价

1. 内容的科学性和规范性

在评价教材内容的科学性和规范性时，需要从以下几个方面进行考量：

（1）教学要求和规范的符合程度

教材内容应与语文学科的教学要求和规范相一致，包括各个年级的教学目标、知识体系、学习重点等。评估教材是否符合教学大纲和标准的要求，是否体现了教学规范和指导思想。

（2）与教学大纲和标准的一致性

教材内容是否与教学大纲和标准相一致，是否涵盖了大纲规定的各个内容要点和教学要求。评估教材内容的覆盖程度和完整性，是否与标准对接紧密，是否能够有效指导教学实践。

（3）内容的科学性和合理性

教材内容是否科学、合理，是否符合语文学科的学科性质和教学特点。评估教材内容的科学性，包括是否符合语言发展规律、认知发展规律等，是否能够促进学生的综合素养和能力发展。

2. 内容的系统性和完整性

在评价教材内容的系统性和完整性时，应考虑以下几个方面：

（1）知识点的涵盖程度

教材内容是否涵盖了语文学科的各个知识点和教学内容，是否能够全面地覆盖教学大纲和标准规定的内容范围。评估教材内容的全面性和广度，是否能够满足学生的学习需求。

（2）逻辑性和连贯性

教材内容是否具有良好的逻辑性和连贯性，是否能够按照一定的逻辑顺序组织和呈现知识内容。评估教材内容的组织结构和布局，是否能够使学生理解和掌握知识的内在逻辑关系，是否能够促进学生的思维发展。

（3）学习过程的衔接和延伸

教材内容是否能够与学生的学习过程衔接和延伸，是否能够顺畅地引导学生由浅入深、由易到难地学习。评估教材内容的连续性和渐进性，是否能够有效地激发学生的学习兴趣和主动性。

3. 内容的时代性和实用性

在评价教材内容的时代性和实用性时，需要考虑以下几个方面：

（1）时代潮流和社会需求的反映

教材内容是否能够反映当代时代潮流和社会需求，是否能够使学生了解和认识当今社会的发展和变化。评估教材内容的时代感和现代性，是否能够引导学生积极适应社会变革和发展。

（2）学习内容的实用性

教材内容是否能够满足学生的学习需求和实际应用，是否能够培养学生的实际能力和应对能力。评估教材内容的实用性，包括是否能够促进学生的语言表达能力、思维能力、创新能力等。

（3）学生学习需求的满足程度

教材内容是否能够满足学生的学习需求和兴趣爱好，是否能够激发学生的学习兴趣和求知欲。评估教材内容的吸引力和趣味性，是否能够使学生主动参与学习、积极探究知识。

（二）教材编写质量评价

1. 编写者的资质和背景

教材编写者的资质和背景对于教材质量至关重要。以下是对教材编写者资质和背景评价的详细考量：

（1）教育背景与学术水平

评估教材编写者的教育背景，包括学历、学位以及相关专业领域的知识背景。具有高水平的教育背景通常能够为教材编写者提供丰富的学科知识和教学经验。

（2）教学经验与实践经历

考察教材编写者的教学经验和实践经历，包括在教育机构或学校的教学工作经历、教学成果等。丰富的教学经验能够为教材编写者提供深入的教学理解和实践经验，有助于编写出符合学生实际需求的教材。

（3）学术水平与研究成果

评估教材编写者的学术水平，包括科研成果、学术论文、著作等。具有较高的学术水平的编写者通常能够为教材提供深度和广度上的支持，确保教材内容的科学性和专业性。

2. 编写过程的科学性和规范性

教材编写过程的科学性和规范性对于确保教材质量具有重要意义。以下是对教材编写过程评价的详细考量：

（1）方法与流程的合理性

评估教材编写过程中所采用的方法和流程，包括教材编写的组织架构、任务分配、工作计划等。合理的方法和流程能够确保教材编写工作有条不紊地进行，提高工作效率和质量。

（2）稿件评审与修订

考察教材编写过程中是否进行了稿件评审和修订工作，评估评审的科学性和规范性。良好的评审和修订机制能够及时发现和纠正教材内容中的问题和不足，保证教材质量的稳定和持续改进。

（3）规范与标准的遵循

评估教材编写过程中是否遵循了教育部门和学科领域的相关规定和标准，包括教学大纲、课程标准等。严格遵循规范和标准能够确保教材内容的科学性、规范性和可信度。

3. 编写团队的专业性和合作性

教材编写团队的专业性和合作性对于教材的质量和水平起着关键作用。以下是对教材编写团队评价的详细考量：

（1）成员的专业背景与能力

评估教材编写团队成员的专业背景和能力，包括学科专业、教学经验、科研水平等。团队成员的专业性和能力水平直接影响着教材内容的质量和深度。

（2）合作方式与分工情况

考察教材编写团队的合作方式和分工情况，包括团队成员之间的沟通协作、任务分配和协调安排等。良好的合作方式和分工情况能够提高工作效率和质量，确保教材编写工作顺利进行。

（3）团队氛围与沟通机制

评估教材编写团队的团队氛围和沟通机制，包括团队成员之间的相互信任、尊重和支持程度，以及沟通协作的效率和效果。良好的团队氛围和沟通机制是保证教材编写工作顺利进行和取得良好成果的重要保障。

二、教学资源评价的实施方法

（一）文献资料法

文献资料法是一种常用的评价方法，通过查阅相关的文献资料和研究成果，以了解和掌握语文教学资源评价的理论基础、方法和经验，以指导评价实践的开展。

1.查阅研究文献和教材评价资料

通过查阅学术期刊、论文、教育研究报告等相关文献资料，了解当前语文教学资源评价领域的研究现状和成果，掌握评价方法和理论框架。

（1）学术期刊与论文

语文教学资源评价领域的学术期刊和论文是了解最新研究成果的重要途径。通过分析和综述相关文献，可以把握评价方法的发展趋势，了解不同学者对于语文教学资源评价的理论观点和方法论。

（2）教育研究报告

政府部门、教育机构以及研究机构发布的教育研究报告也是了解语文教学资源评价领域的重要渠道。这些报告通常包含对教材、教学方法、学生学习成效等方面的评价与分析，对于指导语文教学资源评价实践具有一定的参考价值。

2.分析理论基础和方法论

对语文教学资源评价的理论基础和方法论进行分析和梳理，包括评价的基本原理、评价指标体系、评价方法和技术工具等，以明确评价的逻辑和路径。

（1）基本原理

语文教学资源评价的基本原理包括客观性、全面性、科学性和针对性。评价应当客观公正，全面综合考虑各方面因素，科学合理地选取评价指标和方法，同时要根据评价对象的特点和目的进行针对性地评价。

（2）评价指标体系

构建科学合理的评价指标体系是语文教学资源评价的关键。评价指标应当涵盖教材内容、教学方法、学生学习成效等方面，具有综合性和可操作性，能够全面反映语文教学资源的质量和效果。

（3）评价方法和技术工具

评价方法包括定性和定量两种，可以采用问卷调查、访谈观察、实地考察、课堂观察等多种方式。评价技术工具则包括各种评价表、评价量表、评分标准、评价软件等，能够帮助评价者系统地收集、整理和分析评价数据。

（二）专家评审法

专家评审法是一种重要的评价方法，通过邀请语文教学领域的专家学者组成评审团队，对教材资源进行评审和审查，从专业性、科学性、实用性等方面进行综合评价。

1. 专家学者的邀请与组成

根据评价的对象和目的，邀请具有丰富教学经验和学术造诣的语文教学专家学者组成评审团队，确保评审具有权威性和专业性。

（1）邀请标准

邀请的专家学者应当具备丰富的语文教学经验和学术水平，能够对教材内容、教学方法以及学生学习效果进行科学评价。他们应当有着较高的学术地位和良好的学术声誉，能够代表语文教学领域的权威观点。

（2）团队组成

评审团队的组成应当多样化，包括语文教学领域的专家学者、教育行政管理者、中小学教师等不同角色的代表，以确保评价的全面性和客观性。

2. 评审标准和指标体系的制定

制定清晰的评审标准和指标体系，包括教材内容质量、教学方法与策略、学习资源使用效果等方面的评价指标，以便评审团队进行评价和打分。

（1）评审标准制定

根据语文教学资源评价的目的和要求，确定评审的主要标准和指标，例如教材内容的科学性、完整性、符合性，教学方法的灵活性、有效性、差异性等。

（2）指标体系建设

在确定评审标准的基础上，构建具体的评价指标体系，包括主要指标和次要指标，以及各指标的权重和评价标准，确保评审的科学性和客观性。

3. 评审过程和程序的规范

明确评审过程和程序，包括评审材料的分发、评审会议的召开、评审意见的整理和反馈等环节，确保评审工作的科学性和规范性。

（1）准备评审材料

提前准备好评审所需的教材、教学资源、学生作业等相关材料，并进行归档和整理，确保评审团队能够充分了解评价对象的情况。

（2）召开评审会议

定期召开评审会议，对评审对象进行综合评价和讨论，明确评价意见和建议，形成评审报告或意见书，并将评审结果反馈给相关部门和个人。

（3）反馈评审意见

将评审意见及时反馈给相关部门和个人，为其改进和提升语文教学资源提供指导和支持。

（三）实地考察法

实地考察法是一种直观、深入的评价方法，通过实地考察学校、教学机构等地方的语文教学资源使用情况，了解教材资源的实际应用效果和教学效果，为评价提供实证依据。以下是对实地考察法的详细扩展：

1. 考察对象的选择与确定

根据评价的目的和范围，选择合适的考察对象，如学校、教学中心、教学实验基地等，确定考察的时间和地点。

（1）选择对象

考虑到语文教学资源的多样性和复杂性，可以选择不同类型的学校作为考察对象，包括城市和农村、优质和薄弱学校，以全面了解语文教学资源的实际情况。

（2）确定时间和地点

考察的时间应根据学校的教学进程和教学计划进行安排，以确保能够全面观察到语文教学的各个环节。地点可以选择涵盖教学资源使用情况广泛的学校或教学单位。

2. 考察内容和重点

确定考察的内容和重点，包括教材资源的选择和使用情况、教学方法和策略的实施效果、学生学习情况和学习成果等方面。

（1）教材资源的选择和使用情况

考察教材的选用情况，包括教材版本、教材配套资源等，以及教师对教材的使用方式和频率。

（2）教学方法和策略的实施效果

观察教师在课堂上的教学方法和策略，包括课堂讲授、互动讨论、多媒体辅助等，以及这些方法和策略对学生学习的影响。

（3）学生学习情况和学习成果

考查学生的学习情况，包括学习态度、学习积极性、学习成绩等，以及学生对语文教学资源的反馈和评价。

第四节　语文教学资源的整合与创新

一、高中语文教学资源及使用现状

（一）高中语文教学资源现状

高中语文教学资源种类十分丰富，这样有利于学生学习语文，但是也有一定的弊端，语文教学资源的种类良莠不齐，有很多资源不利于学生的学习，学生由于年龄较小，对语文教学资源无法真正地区分，也很难做出选择。高中语文教学资源内容广，包含的种类丰富，但是精华部分较少，学生在使用语文资源的时候应该筛选出适合自己的内容，但实际上由于高中学生的学习时间较少，很难真正地选择适合自己的内容。教师在平时为学生挑选资源时应该注重教学资源的含金量，通过合适的教学资源帮助学生掌握知识的重点和难点，但是很多语文资源都泛泛地讲解知识，没有突出重点。

1.资源种类丰富但良莠不齐

高中语文教学资源的种类虽然繁多，但其质量却参差不齐，这一现象在当前的教学环境中较为普遍。这一问题的出现部分源于资源的获取和制作，而更深层次的原因则在于教学资源的设计和运用存在一定的不足。首先，教材作为语文教学的基础资源，其质量直接影响着教学效果。然而，在当前的高中语文教材中，往往存在一些问题。首先是内容的选择。部分教材内容过于碎片化，缺乏系统性和深度，难以形成有机的知识体系。另外，一些教材的编写人员对于教学内容的把握不够准确，难以抓住学生的学习重点，导致教学效果打折扣。此外，教材的更新速度跟不上时代发展的步伐，部分内容已经过时，无法满足学生对于新知识的需求。其次，课外阅读作为丰富学生语文素养的重要途径，其质量也至关重要。然而，目前一些课外阅读资源质量良莠不齐，存在着内容浅显、情节单一、思想贫乏等问题。这些问题不仅影响了学生的阅读兴趣，也削弱了课外阅读对于学生语文素养提升的作用。一些课外阅读资源的选择缺乏科学性和系统性，未能充分考虑到学生的认知水平和兴趣特点，导致其难以引导学生进行有效阅读。最后，网络资源作为新时代语文教学的重要支撑，其质量和使用也存在一些问题。一方面，互联网上存在着大量的信息和资源，但其中不乏虚假、低俗、低质的内容，给学生带来了误导和负面影响。另一方面，一些网络资源缺乏系统性和权威性，难以成为学生学习的有效助力。此外，由于网络资源的更新速度较快，一些教师和学生可能难以及时获取和筛选适用的资源，导致教学效果受到一定影响。

2. 学生选择困难

高中学生在面对众多语文资源时，常常陷入选择困难的境地。这种困境源于多方面因素的交织，包括学生自身的认知水平、学科素养、学习需求等方面的限制，以及外部环境中资源种类繁多、信息过载等问题。首先，高中学生的认知水平和学科素养对于语文资源的选择起到了至关重要的作用。由于学生的年龄较小，他们在语文领域的知识储备和阅读经验相对有限，缺乏对于文学作品的深刻理解和分析能力。在这种情况下，学生往往难以准确地判断资源的质量和适用性，容易受到一些表面特征的吸引，而忽略了内容的价值和深度。其次，学习时间的有限性也是导致学生选择困难的一个重要原因。高中学生通常面临着繁重的学业压力和各种课外活动，时间管理成为一项重要的技能。在有限的时间内，学生需要有效地选择学习资源，并将精力投入到最有价值的内容中。然而，由于资源种类繁多，学生往往不知所措，无法快速地找到适合自己的资源，导致学习效率低下。最后，外部环境中资源种类繁多、信息过载也给学生的选择带来了一定的困扰。在互联网时代，学生可以轻松获取到大量的学习资源，包括书籍、文章、视频等形式的资料。然而，这种丰富的资源同样也增加了学生的选择难度，他们往往无法从众多的选项中快速地找到适合自己的内容，容易产生选择疲劳和焦虑情绪。

3. 教师资源挑选不到位

教师在为学生挑选资源时，确实应该注重资源的质量而非数量。然而，当前很多教师在资源选择方面存在一些问题，导致学生难以真正受益。这种情况主要体现在教师挑选的资源普遍缺乏针对性、深度和关联性，泛泛地讲解知识，而缺乏重点和深度，难以帮助学生掌握知识的重点和难点。首先，教师在挑选资源时往往过于依赖于现有的教材和参考资料，缺乏创新和多样化的思维。由于教师工作繁忙，备课时间有限，他们往往倾向于选择已有的教学资源，而忽视了对于新颖、高质量资源的挖掘和利用。这种情况下，教师选择的资源往往是泛泛地概括知识点，缺乏深度挖掘和精细解读，难以引导学生深入理解和掌握知识。其次，教师在挑选资源时往往缺乏针对性和个性化的考量，无法满足不同学生的学习需求。在教学实践中，教师应该充分考虑学生的学习水平、兴趣爱好、学习方式等因素，有针对性地选择适合不同学生的资源。然而，现实情况是，很多教师在资源选择时往往采取一刀切的方式，忽视了学生个体差异，导致一些学生难以理解和接受所提供的教学内容。最后，教师在挑选资源时也存在着对于资源质量的评估不足的问题。由于教师可能缺乏对于资源质量的准确判断标准，他们往往无法辨别出优质资源和劣质资源之间的差异，导致选择的资源质量参差不齐，影响了教学效果。

（二）高中语文教学资源的使用状况

目前高中的语文教学资源种类很多，应用起来也较为方便和简单，教学资源可以综合地利用，很多教学资源都是共享的，都能够达到巩固教学效果的目的。近几年，语文教师对教学资源的研究不足，对教学资源的研究较浅，没有深层次探索，这样就阻碍了教学资源的有效利用。此外，高中语文教学资源的管理还存在着一定的问题，很多资源在管理上都不到位。在高中语文课堂教学中，教师设置了一些讨论小组，这些小组平时经常讨论内容，但是缺乏真实地监督和管理，导致这些讨论小组没有达到真正的目的。还有很多高中教师在备课之后缺乏交流和沟通，也没有定期地完善教学资源，导致了教学资源的利用率逐渐下降。

1. 资源种类多样、综合利用

高中语文教学资源的丰富性是促进教学质量提升的关键因素之一。这些资源种类繁多，涵盖了课堂教材、辅助教材、网络资源等多个方面，为教师提供了丰富的选择和利用空间，同时也为学生提供了更广阔的学习渠道和途径。如何充分挖掘和综合利用这些资源，实现教学目标，提高教学效果，是当前高中语文教学亟须解决的重要问题。

第一，课堂教材作为语文教学的主要载体，承载着丰富的文学经典和知识体系。教师可以通过深入研读课堂教材，挖掘其中的内涵和意义，精心设计教学内容，引导学生深入理解和感悟。同时，教师还可以结合现代教学理念和方法，对课堂教材进行创新和拓展，使之更符合学生的学习需求和现代社会的发展趋势。

第二，辅助教材在高中语文教学中发挥着重要的辅助作用。这些辅助教材可以是名著解读、文学评论、历史背景介绍等，可以为学生提供更多的学习资料和参考信息，帮助他们更全面地理解和把握教学内容。教师可以根据课堂实际情况，有针对性地选择和使用适合的辅助教材，以丰富教学内容，拓宽学生的知识视野。

第三，网络资源的普及和发展为语文教学提供了新的可能性。教师可以通过网络资源获取最新的教学资料和信息，结合多媒体技术，设计生动有趣的教学课件，激发学生的学习兴趣和积极性。同时，教师还可以利用网络资源开展课外拓展活动，组织学生参与线上讨论、作文比赛等，促进学生的综合素养和能力提升。

第四，资源的共享与合作是提高教学效果的重要保障。教师可以与同事、学校、社会资源进行合作，共享教学资源和经验，相互借鉴、学习，形成资源共享的良好氛围。同时，教师还可以与学生家长、社区组织等合作，充分发挥社会资源的作用，为学生提供更全面的学习支持和帮助。

2. 教师对资源研究不足

近年来，高中语文教师在教学资源的研究方面存在着不足之处，这一现象已经引起了教育界的关注。教师对教学资源的研究不足主要体现在两个方面：一是缺乏深层次的探索，二是影响了资源的有效利用。

（1）语文教师在教学资源的研究方面缺乏深层次的探索

教师通常更多地关注课堂教学的实际操作，而对于教学资源的深入研究却往往不够。他们可能会花费大量时间在教学准备和课堂教学上，但忽视了对教学资源的系统性研究和分析。这种现象部分原因可能是教师工作繁重，时间紧张，难以抽出更多的时间进行深入研究；另一方面，可能是教师缺乏对教学资源研究的动力和激情，认为课本和常规教学已经能够满足教学需求，不愿意主动探索新的资源和方法。

（2）教师对教学资源的研究不足也直接影响了资源的有效利用

教学资源的有效利用对于提高教学质量和学生学习效果至关重要，然而，如果教师缺乏对教学资源的深入了解和研究，就难以充分发挥资源的作用。例如，在选择教学资源时，教师可能只会根据课本的要求进行选择，而忽视了其他更丰富、更有启发性的资源；或者在教学实践中，教师可能没有充分考虑到教学资源的多样性和灵活性，导致教学效果不佳，无法激发学生的学习兴趣和积极性。

3. 管理存在问题

高中语文教学资源管理存在着一系列不到位的问题，这些问题直接影响了教学质量和学生学习效果。首先，教师设置的讨论小组缺乏有效的监督和管理，导致其无法达到预期的效果。在这些讨论小组中，学生可能会出现参与度不高、讨论内容不够深入、没有有效地总结和反馈等情况。这可能与教师对小组活动的设计不够周密、监督不够到位、反馈不够及时等因素有关。

其次，教师之间缺乏交流和沟通，未能定期完善教学资源，导致资源利用率下降。在教师之间的交流和沟通方面，可能存在着信息闭塞、资源孤岛等问题，导致教师无法及时分享和借鉴优秀的教学资源和教学方法。这可能与学校内部教师交流机制不健全、教师个体主义等因素有关。同时，教师可能缺乏对教学资源进行定期更新和完善的意识，导致教学资源逐渐陈旧、过时，无法满足学生的学习需求和教学的发展需求。这可能与教师工作繁重、时间紧张等因素有关，也可能与教师对教学资源的重视程度不够、缺乏相关培训和指导等因素有关。

二、高中语文课堂教学资源的优化

（一）优化教学内容，实现有效教学

针对高中语文教学资源十分丰富的情况，教师要科学合理地鉴别资源，结合教材内容梳理教学资源，使教学内容得到优化，最终达到教学目的。通过教师平时的梳理可以使学生的思路更加清晰，教师的教学方向更加明确，最终提高教学质量。例如，高中语文教学中，教师在讲解《再别康桥》这一首诗时，教师要重点向学生讲解这首诗要表达的作者情感和思想，在讲课之前，教师可以先让学生了解作者的创作情感和创作背景，之后再学习这首诗。这样的学习过程使学生能更轻松地掌握这首诗，帮助学生树立正确的人生观和价值观。

1. 科学鉴别资源

在语文教学中，科学鉴别资源是确保教学有效性和深度的重要环节。教师应当以敏锐的眼光和专业的知识，审视、筛选出具有质量和适用性的教学资源，以助力学生全面理解文本内涵、提升语言表达能力。在这个过程中，教师需要紧密结合教学内容和目标，深入挖掘资源中的精华，避免教学内容变得浅显敷衍。

首先，教师应该对教学内容进行全面的分析和理解。这包括对教材内容的仔细研读，了解每篇文章或每个单元的核心主题、情感表达、文学特点等方面。只有深入理解了教学内容，教师才能准确判断哪些资源与教学目标相符合、具有深度和精华。

其次，教师需要广泛搜集和阅读相关的教学资源。这不仅包括教科书中提供的教学材料，还包括其他教育出版社的参考资料、学术期刊中的研究论文、经典文学作品等。通过多方面的了解和比较，教师可以更好地鉴别出优质的教学资源，为学生提供更丰富、更深入的学习体验。

在筛选教学资源时，教师需要注意资源的质量和适用性。优质的教学资源应该具有以下几个特点：一是内容丰富，能够覆盖到教学内容的各个方面，包括文本分析、背景介绍、作者生平等；二是思想深刻，能够引发学生的思考和讨论，

促进他们对文本内涵的深入理解；三是形式新颖，能够激发学生的学习兴趣，增强他们的学习动力。

最后，教师需要根据教学需要，灵活运用选定的教学资源。在教学过程中，教师可以根据学生的反应和理解情况，适时调整教学内容和方法，使之更加贴近学生的实际需求。同时，教师还应该不断反思和总结教学过程中的经验，不断完善和改进教学方案，提高教学效果。

2. 梳理教学资源

在语文教学中，梳理教学资源是确保教学内容清晰明了、有深度的重要步骤。教师应该在教学准备过程中对选定的教学资源进行系统性的分析和整理，通过深入挖掘课文背景、作者情感等方面，帮助学生更好地理解课文，达到教学目的。

首先，教师应该对课文进行全面的背景研究。这包括对作者的生平、时代背景、文学思想等方面的了解，以及作品创作背景、文学流派等方面的分析。只有充分了解了课文的背景，教师才能够更好地把握教学内容，帮助学生深入理解课文内涵。

其次，教师需要对课文的情感进行深入挖掘。作为文学作品，课文往往蕴含着丰富的情感，包括作者的情感、人物的情感等。教师可以通过分析作品中的语言、描写手法、情节安排等方面，揭示出其中所蕴含的情感，引导学生进行感悟和体会。

在梳理教学资源的过程中，教师还应该注重教学内容的组织和呈现。这包括对课文内容进行分析和归纳，梳理出主要的思想线索和重要的文学特点，以及相关的知识点和重点词语。同时，教师还可以结合课文内容设计出多样化的教学活动，如课堂讨论、小组合作、文学赏析等，以提高学生的学习兴趣和参与度。另外，教师在梳理教学资源的过程中，还应该注重教学资源的更新和丰富。随着社会的发展和进步，文学作品也在不断更新和变化，教师需要不断学习和研究最新的文学成果，及时更新教学内容，以保持教学的前沿性和活力。

3. 明确教学方向

教师应该有明确的教学目标和导向，通过优化教学资源，引导学生树立正确的人生观和价值观。例如，在讲解诗歌时，重点向学生传达诗人的情感和思想，引导学生从诗歌中领悟人生哲理，这既有助于学生对文学作品的深入理解，又能够启迪他们的人生智慧。

首先，教师应该明确教学目标。在设计教学方案时，教师需要清楚地确定教学目标，包括知识、能力和情感态度方面的目标。在讲解诗歌时，教师可以通过分析诗人的情感和思想，引导学生理解诗歌的内涵和意义，培养他们对文学作品的欣赏能力和审美情感。

其次，教师需要选择合适的教学资源。为了实现教学目标，教师应该选择与目标相符合、质量优良的教学资源。在讲解诗歌时，教师可以选择具有代表性和影响力的诗歌作品，通过深入挖掘诗歌的内涵和作者的情感，引发学生的思考和感悟。

在明确教学方向的同时，教师还应该关注教学方法和手段。为了达到教学目标，教师可以采用多种多样的教学方法，如讲授、讨论、赏析、创作等，以满足学生不同层次和需求的学习。在讲解诗歌时，教师可以通过诗歌赏析、情感沟通、诗歌创作等方式，引导学生深入理解诗歌的情感和思想，提升他们的审美水平和情感体验。

最后，教师需要关注教学效果和学生发展。在教学过程中，教师应该不断反思和调整教学方案，关注学生的学习情况和反馈，及时解决问题，提高教学效果。同时，教师还应该关注学生的发展需求，通过教学引导，帮助学生树立正确的人生观和价值观，提升他们的综合素养和人文素养。

（二）优化教学方式，获得最大效益

在高中语文教学中，传统的教学方法已经不再适用，教学方法要与时俱进，及时创新，否则难以满足学生的学习需求。教师还应该结合自身的经验进行教学，使用适合学生的教学方法，不断优化教学方法，提高语文教学质量。学校还可以定期组织教师培训，提高教师的素质和业务知识，优化教学方式，教师之间还要经常交流和沟通，最终使教学效果逐渐提高。在高中语文教学中，当教师在讲解《林教头风雪山神庙》一文时，教师可以先给学生布置任务，让学生带着任务去学习课文，学生可以在网上查阅有关的资料，在网上查阅相关的背景知识，不明白的地方要及时问老师。教师在课上组织学生进行观察相关故事情节的电视剧片段或电影片段，然后，教师结合学生提出的问题进行讲解。通过生生互动、师生互动，使得课堂学习氛围非常浓厚，学生各抒己见，发表各自观点，提高了学生学习的积极主动性。同时，也培养了学生学习语文的兴趣。

1. 及时创新教学方法

在语文教学中，及时创新教学方法是教师提高教学效果和适应学生需求的重要手段。教师应该结合教学内容和学生的实际情况，灵活运用各种教学方法，以提高教学的针对性和有效性。例如，利用互联网资源，开展网络学习和在线讨论，可以激发学生的学习兴趣和参与度，促进他们的主动学习和思考能力的培养。

首先，教师应该充分了解学生的学习需求和特点。在教学过程中，教师需要关注学生的学习情况和反馈，了解他们的学习兴趣、学习方式和学习困难，以便针对性地设计教学方案和选择教学方法。

其次，教师可以利用互联网资源，开展网络学习和在线讨论。通过建立在线学习平台或利用现有的教育平台，教师可以为学生提供丰富多样的学习资源，包括课件、视频、音频、网络文献等，以满足他们不同层次和需求的学习。

在网络学习的过程中，教师可以通过在线讨论、网络互动等方式，促进学生之间的交流和合作，引导他们共同探讨问题、解决问题，提高他们的学习效果和学习动力。同时，教师还可以利用网络资源进行课外拓展，开展线上学习小组、网络读书会等活动，拓宽学生的学习视野，丰富他们的学习体验。另外，教师还可以结合课堂教学和实践活动，开展项目式学习和实践性教学。通过组织学生参与实践项目、社会实践、实验实践等活动，教师可以帮助学生将所学知识应用于实际问题解决中，提高他们的实际操作能力和创新能力。

2. 教师培训与交流

学校定期组织教师培训，有助于教师更新教育理念、掌握最新的教学方法和技能，从而提高教育教学水平；而教师之间的常态化交流与沟通，则能够促进教学资源的共享与交流，推动教学实践的创新与发展，进一步提升整个学校的教育质量。

首先，学校可以通过不同形式的培训活动，为教师提供系统化、多样化的专业培训。这包括举办专题讲座、研讨会、教学工作坊等，邀请专家学者或有经验的教师进行教学指导与交流，帮助教师更新教学理念，提升课堂教学技能，拓宽教育视野。

其次，学校还可以通过建立教师自主学习平台，为教师提供在线学习资源和学习机会。这样的平台可以包括教学视频、电子书籍、在线课程等，教师可以根据自身需求和兴趣选择适合自己的学习内容，灵活安排学习时间，提升专业素养。

除了定期组织的培训活动，教师之间的常态化交流与沟通也至关重要。学校可以建立教师交流平台，包括教学资源共享平台、教学经验交流会、教研小组等，为教师提供一个相互学习、相互促进的平台。

在教师交流与沟通的过程中，学校可以鼓励教师开展教学观摩活动，相互走进课堂，观摩彼此的教学风采，分享教学心得与体会。此外，学校还可以组织教师间的合作教研项目，共同探讨教育教学问题，开展教学研究，推动教学实践的创新与发展。

3. 生生互动、师生互动

在课堂教学中，生生互动和师生互动是促进学生学习的重要方式之一。通过积极组织生生互动和师生互动，教师可以营造积极的学习氛围，激发学生的学习兴趣，提高他们的学习动机和参与度，从而达到更好的教学效果。特别是在讲解文学作品这样的语文课堂中，生生互动和师生互动更是可以发挥重要作用。

首先，教师可以通过组织小组讨论的方式促进生生互动。在讲解文学作品时，可以将学生分成小组，每个小组负责讨论作品的一个方面，比如主题、人物塑造、情感表达等。通过小组讨论，学生可以相互交流、分享自己的理解和看法，从而加深对作品的理解，拓展自己的思维，培养团队合作能力。

其次，教师可以通过角色扮演的方式促进师生互动。在讲解文学作品时，教师可以邀请学生扮演作品中的角色，通过模拟对话、情景演绎等形式，让学生身临其境地体验作品中的情节和人物，从而更加深入地理解作品的内涵和意义。同时，通过角色扮演，学生还可以主动参与到课堂教学中，培养表达能力和情感表达能力。

除了小组讨论和角色扮演，教师还可以通过提问、展示、分享等方式促进生生互动和师生互动。在讲解文学作品时，教师可以提出开放式的问题，鼓励学生展开思考和讨论；还可以邀请学生展示自己的作品或观点，分享自己的体会和感受。通过这些形式，教师可以激发学生的思维，促进他们的学习和成长。

第四章　高中语文教学方法与手段

第一节　语文教学方法的概述

一、教学方法的分类与特点

（一）按照教学形式分类

1. 直接教学法

直接教学法是传统的教学方式之一，其特点是教师主导，学生被动接受知识。在这种教学方法下，教师通过讲解、演示等方式向学生传授知识，学生主要是听讲和接受。直接教学法适用于知识性较强、基础性较弱的内容教学，能够帮助学生快速掌握基础知识。

直接教学法的特点在于教师的权威性和指导性。教师在课堂上扮演着知识的传授者和引导者的角色，通过清晰的讲解和适当的演示帮助学生理解和掌握知识。这种教学方法注重教师的言传身教，通过教师的示范和引导帮助学生建立正确的学习模式和方法。

2. 发现式教学法

发现式教学法强调学生的自主探究和发现，通过问题解决、实验探究等方式激发学生的学习兴趣和主动性。在这种教学方法下，教师更多地扮演引导者的角色，让学生通过自己的发现和实践来掌握知识。发现式教学法适用于培养学生的探究能力、创新思维和问题解决能力，能够激发学生的学习动力和积极性。

发现式教学法的特点在于注重学生的主动性和参与性。教师在课堂上不再是简单地传授知识，而是通过设计问题和情境，引导学生主动探索和发现知识。这种教学方法能够激发学生的学习兴趣和动力，培养学生的探究精神和创新意识。

（二）按照教学策略分类

1. 演绎法

演绎法是一种基于逻辑推理和事实归纳的教学策略，通过从一般到特殊、从普遍到个别的推理过程，引导学生理解和掌握知识。在演绎法中，教师首先向学生介绍一个普遍规律或原理，然后通过具体案例或实例来加以说明和证明。演绎法的目的在于训练学生的逻辑思维能力和分析能力，帮助学生理清知识结构，形成系统的认识。

演绎法的特点之一是强调逻辑性和条理性。通过逻辑推理和事实归纳，学生可以从普遍的规律或原理推导出具体的结论，形成清晰的认识框架。这种教学策略有助于培养学生的系统思维和逻辑推理能力，提高他们的问题解决能力和分析能力。

2. 归纳法

归纳法是一种基于总结和归纳的教学策略，通过从特殊到一般、从个别到普遍的推理过程，概括规律和原理。在归纳法中，教师通过具体案例或实例向学生展示某一规律或原理，然后引导学生总结归纳，形成规律性认识。归纳法的目的在于培养学生的综合分析能力和总结能力，帮助他们从具体到抽象，从实践到理论地掌握知识。

归纳法的特点之一是强调实践性和归纳性。通过总结和归纳具体案例或实例，学生可以发现其中的共性和规律性，形成对知识的系统认识和理解。这种教学策略有助于培养学生的综合分析能力和判断能力，提高他们的问题解决能力和创新能力。

二、教学方法的选择与灵活运用

（一）根据教学内容和学生特点选择教学方法

1. 确定教学目标

教学目标的明确性是教学活动的基础。教师应该清楚地界定教学目标，包括知识、技能和情感态度等方面，以便有效地指导教学过程和评价学生学习的成果。确定教学目标时，教师需要考虑教学内容的难易程度、学生的学习需求和课程要求等因素，确保教学目标具有可操作性和针对性。

2.分析学生特点

了解学生的特点是教学活动设计的前提和基础。教师需要全面了解学生的年龄、认知水平、学习风格、兴趣爱好等方面的特点，以便根据学生的实际情况有针对性地设计教学活动和选择教学方法。通过对学生特点的分析，教师可以更好地把握教学进度和课堂氛围，调整教学策略，提高教学效果。

在选择教学方法时，教师应该根据教学内容和学生特点进行综合考虑，灵活运用不同的教学方法。例如，在教学内容较为抽象和理论性强的情况下，可以采用讲授、演示等直接教学法，以帮助学生建立起知识框架和概念体系；而在教学内容需要引发学生兴趣、培养学生实践能力的情况下，可以采用实践探究、案例分析等发现式教学法，激发学生的学习兴趣和动力。此外，教学方法的选择还应考虑到课程的整体安排和教学资源的利用情况。教师可以结合课程大纲和教材要求，合理安排教学步骤和时间分配，充分利用多种教学资源，为学生提供丰富多彩的学习体验和学习机会。

（二）灵活运用不同的教学方法

1.教学内容

不同的教学内容需要差异化的教学方法，以确保学生能够全面理解和掌握知识。基础知识性较强的内容通常适合采用直接教学法。在直接教学法中，教师可以通过讲解、示范等方式向学生传授基础知识，帮助他们建立起扎实的知识基础。例如，在教授语文的字词解释和基本语法规则时，直接教学法可以帮助学生迅速掌握相关知识点，为后续学习打下坚实的基础。而对于能力培养和创新思维较强的内容，则更适合采用发现式教学法。发现式教学法强调学生的自主探究和发现，通过问题解决、实验探究等方式激发学生的学习兴趣和主动性。例如，在文学作品的解读和分析过程中，教师可以引导学生通过阅读、讨论和实践，自主发现作品中的主题、情感表达等内容，培养他们的分析能力和创新思维。

2.学生特点

学生的学习特点和需求是选择教学方法的重要考虑因素。不同的学生可能有不同的学习方式和学习能力，因此教师需要根据学生的实际情况灵活调整教学方法，以满足他们的学习需求。对于善于思考和自主探究的学生，可以采用发现式教学法。这类学生通常具有较强的学习动机和自主学习能力，能够通过自主探究和发现来深入理解和掌握知识。在教学过程中，教师可以给予他们适当的引导和支持，鼓励他们自主思考和解决问题，从而培养其创新精神和解决问题的能力。

而对于需要更多指导和讲解的学生，则可以采用直接教学法。这类学生可能对知识掌握和理解有一定的困难，需要教师的直接指导和讲解。在教学过程中，教师可以结合具体案例和实际情境，通过生动地讲解和示范帮助学生理解和掌握知识，激发他们的学习兴趣和动力。

第二节 传统语文教学方法的评价与反思

一、高中语文传统教学方法存在的问题

（一）课堂资源闲置，没有得到优化合理配置

课堂教学是教与学的矛盾统一体，是教师的教与学生的学的合作过程，是主导与主体的互动过程。课堂上教师一人唱独角戏，使主导成为主演，效率低下，主体缺位，课堂沉闷，丧失活力。如果没有学生的激情参与，心灵互动，没有引起裂变反应，就达不到一石激起千重浪的效果。

1. 教学资源未得到合理利用

在传统的语文教学中，教师往往是课堂的主导者，而学生则被动地接受教师的讲解。这种单向的教学模式导致了课堂资源的闲置，教师在课堂上独自扮演着知识传授的角色，而学生的参与度较低，课堂显得沉闷乏味。由于缺乏学生的积极参与和互动，课堂资源没有得到优化合理地配置，导致了教学效果的降低和学生学习兴趣的减退。

2. 学生参与度不足，课堂缺乏活力

在传统的教学模式下，教师通常是课堂的主导者，而学生往往处于被动接受的状态，缺乏积极地参与和互动。这种情况下，课堂往往缺乏活力，学生的学习兴趣无法得到有效激发。如果学生缺乏激情参与和心灵互动，课堂就无法引起裂变反应，达不到知识的深度理解和思维的广度拓展。

3. 教学效率低下，学生主体性缺失

传统的教学模式中，教师往往扮演着主导者的角色，学生则处于被动接受的地位。这种单向的教学模式导致了教学效率的低下，学生的主体性得不到充分发挥。如果学生缺乏主动思考和自主学习的能力，就无法实现知识的内化和迁移，

影响了他们的学习效果和学习质量。

（二）颠倒主体与主导的关系

把主导当主体，把学堂"当成教堂"，讲多练少，以讲代练，把课堂作为展示个人才华的舞台。有这种倾向的人认为，只有多讲，才能把思维引向深入，加深理解。如果讲不到位，必然流于表面，囫囵吞枣。这部分老师，忽视了学生的年龄特点，低估了学生的智力水平、知识积累。所以，讲的时候，面面俱到，精读细研。这样一来，学生只要用心听讲，就能理解所传授的知识。但是，学生长期依赖于老师，丧失独立思考的能力，影响了学生的智力开发。这种以讲代练以教代学的方法，颠倒了主体与主导的关系，养成了懒于思考的习惯，不会自主学习。一旦离开教师的引导，学生就一脸茫然，不知所措。高分低能的人就是这样培养出来的。

1. 主导成为主演，学生缺乏参与度

在传统的教学模式下，教师往往扮演着主导者的角色，而学生则处于被动接受的地位。这种情况下，教师往往成为课堂的主演，而学生缺乏参与度，只是被动地接受教师的讲解。如果教师主导了整个教学过程，学生就无法成为课堂的主体，导致了课堂教学的单调和乏味。

2. 过分讲解导致学生依赖性增加

在传统的教学模式中，教师往往过分强调讲解，忽视了学生的自主学习和思考能力。这种单向的教学方式导致了学生对教师的依赖性增加，缺乏独立思考和解决问题的能力。如果学生长期依赖于教师的引导和讲解，就会丧失自主学习的能力，影响了他们的学习效果和学习质量。

3. 忽视学生个性化发展需求

在传统的教学模式下，教师往往忽视了学生的个性化发展需求，采用一刀切的方式对待学生。这种情况下，教师往往忽视了学生的年龄特点、智力水平和知识积累，导致了教学内容和方法的不适应性。如果教师没有针对学生的个性化需求进行因材施教，就无法实现教学目标和提高教学效果。

（三）因材施教原则，课堂没能有效贯彻

班级授课制，强调了统一性的要求。学生的学习又是个体的内化迁移感悟过程，他要求必须从学生的个性出发，贯彻因材施教原则，落实素质教育。但是班级授课制与因材施教原则的尖锐对立，又使因材施教原则形同虚设，难以落实。

1. 班级授课制与个性化教育的冲突

在传统的教学模式中，教育往往采用班级授课制，忽视了学生的个性化发展需求。这种一刀切的教学方式导致了因材施教原则的无法贯彻。如果教师无法根据学生的个性特点和学习需求进行个性化教育，就会导致教学效果的降低和学生学习兴趣的减退。班级授课制与因材施教原则之间的冲突，使得教师很难有效地满足学生的学习需求，影响了教学质量和效果。

2. 学生个性化需求难以满足

由于班级授课制的普遍采用，教师往往面对一个班级内具有不同学习特点和能力水平的学生群体。在这种情况下，教师很难针对每个学生的个性化需求进行因材施教，导致了教学中学生个性化发展的忽视。如果教师无法根据学生的个性特点和学习需求进行差异化教学，就会造成学生学习兴趣的减退和学习动力的下降。

3. 教学过程缺乏个性化关注

在传统的教学模式下，教师往往注重课堂的统一管理和统一教学，忽视了学生个性化的发展需求。这种情况下，教师往往缺乏针对性地关注和指导学生的学习，导致了教学过程的僵化和固化。如果教师不能够根据学生的个性化需求进行教学内容和方法的调整，就会影响到学生的学习效果和学业发展。

（四）情感沟通机械化、简单化、单向化

凸显情感、态度、价值观教育是素质教育的一种基本理念和基本特征。然而，一些教师对到底如何处理知识与技能，过程与方法，情感、态度、价值观的目标有些困惑。

1. 情感教育缺乏具体情景支撑

在传统的教学模式下，一些教师在进行情感教育时往往脱离了具体的内容和情境，导致了情感沟通的机械化和简单化。这种情况下，教师往往通过生硬的方式对学生进行情感教育，缺乏具体的情景支撑。如果情感沟通缺乏具体情境的支撑，就会导致学生对情感教育的理解和接受度不高，影响了情感教育的效果。

2. 鼓励与夸奖滥用，缺乏真实性和深度

在传统的教学模式中，一些教师往往滥用鼓励和夸奖，缺乏真实性和深度。这种情况下，教师往往过分夸大学生的表现，缺乏具体的事实依据和真实地反馈。如果鼓励和夸奖缺乏真实性和深度，就会使学生产生虚假的自我感觉和自我评价，影响了学生的学习动力和学习态度。

3. 情感沟通缺乏互动性和建构性

在传统的教学模式下，一些教师往往缺乏情感沟通的互动性和建构性。这种情况下，教师往往只是进行感情的表演，而缺乏真正的情感沟通和建构。如果情感沟通缺乏互动性和建构性，就会使学生产生对情感教育的排斥和抵触，影响了情感教育的实效性和深度。

二、语文课堂教学改革的构想

（一）以学定教，先学后教，精讲点拨，反馈深化

高中阶段，是从接受性学习为主向自主性、探究性、研究性、发现性学习为主转变的阶段。所以培养学生的自主探究能力，是高中语文课堂急需解决的主要矛盾。

1. 以学定教

将学生的自主学习作为教学的出发点，是一种根据学生的学习需求和疑惑来确定教学内容和方式的方法。在这种教学模式下，教师不再是简单地向学生灌输知识，而是积极引导学生主动参与学习过程。通过了解学生的学习需求和疑惑，教师可以更好地把握教学的方向，更有针对性地设计教学内容和活动，从而提高学生的学习效果和学习动力。

在以学定教的教学模式下，教师应该注重激发学生的学习兴趣，引导他们探究知识，培养他们的自主学习能力。例如，可以通过提出问题、组织讨论、设计实验等方式，让学生从实践中发现问题、探索答案，从而激发他们的学习兴趣和求知欲。

2. 先学后教

先学后教是指在课堂上，学生首先进行自主学习，掌握了一定的基础知识后，教师再组织学生进行交流和讨论，共同解决问题，分享心得体会的教学模式。这种教学方法有助于培养学生的合作意识和团队精神，提高他们的思维能力和解决问题的能力。

在先学后教的教学模式下，教师应该充分发挥学生的主体作用，鼓励他们提出问题、分享经验、展示成果，引导他们从交流和讨论中获取新的知识和经验，从而提高他们的学习效果和学习动力。

3. 精讲点拨

精讲点拨是指教师在课堂上精心设计讲解内容，言简意赅地进行点拨和解释，着重突出知识的核心和难点，引导学生深入思考和理解的教学方法。这种教

学方法有助于提高学生对知识的掌握和运用能力。

在精讲点拨的教学模式下，教师应该结合学生的实际情况和学习水平，合理安排讲解内容和时间，注重启发学生的思维，激发他们的学习兴趣。同时，教师还应该根据学生的反馈情况，及时调整教学策略，确保教学效果的最大化。

4. 反馈深化

反馈深化是指在课堂上及时进行反馈和练习，帮助学生巩固和加深对知识的理解，促进知识的迁移和应用的教学方法。这种教学方法有助于提高学生的学习效果和学习成效，加强他们的自信心和学习动力。

在反馈深化的教学模式下，教师应该及时对学生的学习情况进行评价和反馈，鼓励他们发表观点、提出建议，帮助他们发现和解决问题，从而加深对知识的理解和应用。同时，教师还应该设计多样化的练习活动，培养学生的学习能力和解决问题的能力，促进他们全面发展。

（二）把学生思维的参与程度，作为评价课堂教学的核心标准

"学而不思则罔，思而不学则殆"。把启迪思维，逼近思维的最近发展区，推动学生思维的发展，养练学生思维习惯，优化学生思维品质作为课堂教学的主线，克服华而不实，哗众取宠的恶习。

1. 启迪思维

启迪思维是指在课堂教学中，教师通过设计引人深思的问题、提供具有挑战性的任务或情景，激发学生的思维活动。这种启迪可以通过引导性提问、引发讨论、呈现引人思考的案例或问题等形式展开。例如，在语文课堂上，教师可以提出文学作品中的道德困境，引导学生思考人物的选择与行为，从而培养学生的道德思维能力。

2. 逼近思维的最近发展区

教师应根据学生的认知水平和思维发展阶段，设计适合他们的教学内容和任务，使之处于思维的最近发展区。这意味着教师应该了解学生的学习水平和认知能力，避免教学内容过于简单或复杂，而是根据学生的实际情况，设计具有一定挑战性但又不过于超出他们理解范围的教学任务。例如，对于高中生，教师可以引导他们分析复杂的文学作品，但同时也要注意在他们的理解能力范围内，避免过于晦涩难懂的内容。

3. 推动学生思维的发展

教师在课堂教学中应该通过各种方式推动学生思维的发展，包括培养他们的

创新能力、批判性思维、逻辑思维等。这可以通过让学生参与问题解决、进行小组讨论、展示研究成果等方式实现。同时，教师还应该鼓励学生克服困难、勇于探索未知领域，培养他们的自信心和学习动力。

评价课堂教学的核心标准将学生思维的参与程度作为重要指标，旨在倡导教师重视学生的思维发展，创设丰富多彩的教学情境，激发学生的学习热情和创造力，推动其思维能力的全面发展。

（三）承认差异、尊重个性

把培养自主意识，作为语文课教育的首要目标，作为素质教育的灵魂。尊重学生个性，承认个体差异，是应试教育与素质教育的分水岭。实施素质教育，推动新课改，就要切实尊重学生个性，承认个体差异，把因材施教原则贯彻到底，特别是在课堂教学中千方百计地贯彻这一原则。

1. 培养自主意识

教师应当鼓励学生树立自主学习的意识，让他们明白自主学习的重要性，并提供相应的支持和指导。通过课堂上的组织活动、课外作业的设计等方式，激发学生的主动性和积极性，培养其自主学习的能力。例如，可以鼓励学生自主选择阅读材料，开展个性化的写作或研究项目，从而更好地发挥其学习潜能。

2. 因材施教

因材施教是指根据学生的学习特点、水平和需求，采用不同的教学方法和策略，使每个学生都能够得到有效地学习支持和指导。教师应该了解每个学生的学习情况和背景，针对其个体差异，采取灵活多样的教学手段。例如，对于理解能力较强的学生，可以提供更深入的阅读材料和更复杂的问题，而对于理解能力较弱的学生，则可以提供更直观简明的教学内容和更具体明了的解释。

3. 贯彻素质教育理念

素质教育注重培养学生的综合素质和个性发展，强调每个学生的特长和潜能的发掘。在语文课堂教学中，教师应该关注学生的综合发展，不仅注重语言表达能力和文学鉴赏能力的培养，还应该注重学生的情感态度、审美情趣、思维品质等方面的培养。通过多样化的教学活动和评价方式，激发学生的学习兴趣和创造力，促进其个性的全面发展。

（四）选择最优教学方法

高中语文课教学的课堂类型分为讲授新课、复习旧课和试卷讲评课三大类。无论采取何种教学方法，都应十分注意把重点放在学生"系统地掌握课程内容的内在联系上，放在掌握分析问题的方法和解决问题的能力上"，坚持知识、能力、觉悟的统一。

1. 灵活运用不同教学方法

在语文教学中，应根据不同的教学内容和学生特点，灵活选择和运用各种教学方法。例如，在教授文学作品时，可以采用讲解和分析相结合的方法，帮助学生理解文学作品的内涵和艺术特点；在进行写作指导时，可以采用示范和实践相结合的方法，通过范文展示和实践演练，提高学生的写作水平和表达能力。此外，还可以利用多媒体技术和互动教学平台，创设多样化的学习场景，激发学生的学习兴趣和参与度。

2. 强调知识、能力、觉悟的统一

语文教学旨在培养学生的语言文字能力、文学素养和人文精神，因此应注重知识、能力和思想觉悟的统一。在教学过程中，不仅要传授知识，还要注重培养学生的语言表达能力、阅读理解能力和批判思维能力，促进其全面发展。同时，还应引导学生树立正确的人生观、价值观和审美观，培养其良好的思想品德和社会责任感，使之成为具有国家情怀和时代责任感的新时代公民。

（五）对主观题的讲授

主观题的训练，如果一步到位地要求，只能增加学生的心理负担，蒙生为难情绪，挫伤学习的积极性，打击学生的自信心。只有坚持有计划有步骤、有重点、分层次地练习才能体现思维的

1. 有计划有步骤地练习

主观题的讲授需要教师采取有计划有步骤的练习方法。首先，教师应根据学生的实际情况和学习水平，设计符合其能力的练习内容和题目。练习应分层次、分阶段地进行，逐步提高学生的解题能力和水平。例如，可以从简单到复杂、从易到难地设置题目，让学生逐步掌握解题方法和技巧。其次，教师还应及时对学生的练习情况进行跟踪和评价，发现问题及时进行指导和帮助，确保学生能够有效地掌握主观题的解题要领。

2. 鼓励思维的拓展

在主观题的讲授过程中，教师应充分鼓励学生思维的拓展，引导他们多角度思考问题，提出独到见解。主观题通常涉及对文学作品的理解和评价，因此需要学生具备一定的文学素养和批判性思维能力。教师可以通过讲解文学作品的背景、主题、人物形象等方面的知识，引导学生深入思考和分析，从而培养他们的

创新思维和批判性思维。此外，教师还可以组织学生进行讨论和交流，分享彼此的见解和体会，促进他们的思维碰撞和启发，拓展其思维深度和广度。

第三节　现代语文教学方法的特点与应用

一、情境教学在语文教学中的应用

情境教学强调将学习场景与真实生活情境相结合，使学习更加贴近学生的生活实际，激发学生的学习兴趣和主动性。在语文教学中，教师可以通过设计丰富多彩的情境，如角色扮演、情景模拟等，帮助学生更好地理解和运用语言知识，提高语文素养。

（一）高中语文教学中情境教学法的应用价值

1. 有利于调动学生学习热情

传统的教学方法往往过于注重知识的传授，而忽略了学生个体的发展需求，导致课堂显得单调乏味，难以吸引学生的注意力。情境教学法作为一种新颖而有效的教学手段，在这方面有着明显的优势。

在情境教学法下，教师能够通过创设生动有趣的情境和场景，使得课堂氛围更加活跃和互动。例如，通过角色扮演、情景模拟等方式，让学生置身于虚拟的环境中，亲身体验语文知识的应用和实践，激发他们的学习兴趣。这样的教学方式不仅能够吸引学生的注意力，还能够激发他们的好奇心和求知欲，增强他们的学习动机和积极性。此外，情境教学法也注重学生的自主探究和思考能力的培养。在情境中，学生需要积极参与、主动思考，通过实际操作和讨论，自主探索解决问题的方法和策略。这样的学习过程不仅能够提高学生的学习效率，还能够培养他们的独立思考和问题解决能力，增强他们的学习信心和成就感。

2. 有利于增加学生情感体验

高中阶段的学生已经具备了一定的人生阅历，教师需结合新的教育理念，合理渗透情感、心理、德育教育，重视学生情感价值的塑造。但是，传统教学模式下语文教学内容具有严重的局限性，教师很难找到渗透情感教育的缺口。为此，教师要改革教学方法。情境教学法可以将生活与语文教学结合起来，教师能够引导学生沉浸其中，让学生通过阅读、写作体会多种多样的情感，并逐渐形成自己的情感价值观念，为其未来的成长和发展打下良好基础。

3. 有利于加强师生互动交流

师生互动交流是语文课堂教学中不可或缺的一环，它有助于增强师生之间的沟通联系，促进教学效果的提升。在采用情境教学法进行语文教学时，师生互动交流得到了更好地发挥和展现。

情境教学法的特点之一是激发学生的参与性和主动性。在情境教学的环境下，学生通常需要与教师和同学们共同合作，讨论解决问题，分享观点和经验。这种互动交流不仅可以帮助学生更好地理解知识，还能够促进他们之间的合作精神和团队意识。

同时，情境教学法也为教师提供了更多与学生互动的机会。教师可以通过引导讨论、提出问题、引发思考等方式，与学生进行深入交流，了解他们的学习状态和需求。通过这种交流，教师可以更好地调整教学策略，根据学生的反馈及时调整教学内容和方法，更好地满足学生的学习需求。

（二）高中语文教学中情境教学的应用现状

1. 情境设置不科学

高中语文教师在应用情境教学时，需重视情境创设方法的选择。当前越来越多的教师认识到了情境教学法的价值，并尝试在语文课堂中加以应用。但是，很多教师对情境设置缺乏精心设计，一些教师为了追求课堂教学效果，引入的教学情境虽然形式花哨，但缺少实质性的内容，有些内容甚至脱离了课堂教学内容和生活实际；也有一些教师以自我为中心，在设置情境时往往以自己的主观意识为主，忽略了学生的心理需求，导致教学情境缺少针对性和科学性，不仅浪费了课堂教学时间，也影响了学生的学习热情和课堂教学效率的提升。

2. 忽视学生主体性

在当前教育环境下，学生的主体地位越来越受到重视，他们被视为课堂教学的核心。在运用情境教学法时，教师应该充分尊重学生的主体性，让他们在特定的情境中发挥主动性和创造性。然而，在实际教学中，一些教师往往忽视了学生的主体地位，导致情境教学效果不佳。尽管教师创设了一定的教学情境，但在课堂上占据了大部分时间，而学生则缺乏足够的自主学习和思考的时间和空间。这种情况下，学生难以真正融入情境中，无法自主地探究和思考问题，也无法从情境中获得深刻的体验和感悟。因此，虽然表面上看起来使用了情境教学法，但实际上学生的主体性并未得到充分地尊重和发挥，导致情境教学的效果受到影响。

（三）高中语文教学中情境教学的应用

1. 利用网络创设情境，激发学生学习热情

在利用情境教学法时，教师需要结合学生的实际情况和时代背景，充分利用网络资源，创设具有吸引力的情境，从而激发学生的学习热情。以往教师常常采用传统方式创设情境，如讲故事、提问等，虽然这些方式针对性强，但形式上缺乏新意，难以引起学生的兴趣。在信息化时代，网络已成为学生获取信息和知识的主要途径，因此教师应该利用网络资源，提高情境创设的效率和吸引力。

在利用网络创设情境时，教师可以充分挖掘教材中与生活情境相关的内容，然后通过网络资源进行拓展，让学生更好地理解和体验教材内容。举例来说，在教学"传统文化"时，教师可以引导学生结合课文中的诗词、文章，通过网络资源了解相关的历史文化背景，从而更深入地理解传统文化的内涵。此外，教师还可以根据学生的地域特点和兴趣爱好，选择与之相关的情境进行创设，使学生更易于接受和理解。

针对学生对不同地区文化的认知差异，教师可以选择节日文化作为切入点，引导学生探究不同地区的节日习俗和文化内涵。通过网络资源，教师可以为学生提供丰富多彩的节日文化资料，如图片、视频等，让学生在观看的过程中沉浸其中，感受不同地区的文化魅力，从而增强对语文学习的兴趣和热情。

2. 借助音乐渲染情境，增加学生审美体验

教师在教学时不仅会传授学生知识，还会引导学生通过阅读、鉴赏文章锻炼审美能力，引导他们发现文本中的美，体会到文字的魅力，认识到语文课程的价值。但是一些教师容易忽略鉴赏环节，将重心放在知识教学方面。为了改变这一情况，提高课堂教学效率，促使学生的审美能力得到发展，教师需要对教学方法进行创新，合理利用情境教学法。在众多情境创设方法中，借助音乐渲染情境，可以进一步发挥鉴赏教学的价值。学生在聆听音乐时，还会将音乐与文字融合起来，通过想象描绘与课文内容有关的故事、不同的人物形象或者壮丽景观。在音乐的影响下，学生能够获得更好的审美体验，审美能力也会得到提升。

例如在古诗词教学中，教师不能只翻译、分析诗句，还要引导学生体会诗词中的意境，让学生体会古人创作诗词时的心境。对此，教师可以借助音乐渲染情境，结合音乐去体会诗词中的意境。在讲解《念奴娇·赤壁怀古》《水龙吟·登建康赏心亭》等诗词时，教师可以提前搜集相关的朗诵音频，让学生从音频中感

受朗诵者想要抒发的情感。

之后再寻找符合这些诗词意境的音乐，比如琵琶乐《十面埋伏》，直接在原词基础上创作的音乐等。学生在聆听音乐过程中，可以体会到所学的古诗词中表达的情感，如苏轼对昔日英雄的赞扬、对自身坎坷身世的感慨，还能体会到辛弃疾的郁郁不得志以及蓬勃的爱国情怀。教师借助此种方式能够让学生真正融入音乐情境中，使学生体会到诗词中的悲怆美。在对散文等内容进行教学时，教师同样可以借助音乐渲染情境，使学生真正融入其中，从而锻炼学生审美能力，提高学习效率。

3. 通过角色演绎情境，引导学生体会情感

情境教学法通过角色演绎的方式，可以帮助学生更深入地理解课文内容，并且在体验角色情感时增强对文学作品的感悟。在设计情境时，教师需要根据课文内容和学生的实际情况进行合理地选择和设计，以确保情境切实有效。

角色演绎情境的设计首先需要教师对教学内容进行深入分析，确定适合角色演绎的场景和人物。然后，教师可以借助影视片段或相关资料来帮助学生理解人物形象和情感内核。例如，在教学《红楼梦》时，可以选择其中的经典场景，如贾宝玉与林黛玉的情感纠葛，通过角色扮演的方式让学生身临其境地感受人物的情感起伏和内心挣扎。

在进行角色演绎时，教师要合理安排学生的角色，并提供必要的指导和帮助，使每个学生都能够充分理解所扮演角色的特点和情感状态。通过角色演绎，学生不仅可以更好地理解文学作品中人物的性格和情感，还能够培养表达能力和情感体验能力。

此外，教师还可以结合课堂讨论和反思，引导学生深入思考角色的行为动机和情感表达，从而提高他们的文学鉴赏能力和思维品质。通过这种方式，教师可以激发学生对文学作品的兴趣和热情，促进他们的综合素养和个性发展。

（四）结合生活创设情境，锻炼学生观察能力

语文与人们的生活实际有着密切联系，教师在利用情境创设的方式开展教学时，可以从这一角度出发，挖掘生活中与语文知识相关的内容，将其融入课堂中。为此教师需要从学生的实际情况出发，借助他们熟悉的事物来调动其探究欲望。教师在日常教学中可以适当与学生展开互动，引导他们说一说自己在生活中发现的语文知识，促使学生养成良好的观察习惯，例如在商场的猜灯谜游戏，背诵相应古诗词便可以免除景点门票的活动，以及父母借语文教材中提到的某些典故进

行说教等等，这些都是生活中的语文，在教师的引导下，学生会逐渐形成良好的观察意识，逐渐改变对语文课程的看法，真正喜欢上语文，提高学习效率。例如教师在对《劝学》进行教学时，便可以营造相应的生活情境。教师可以通过互动引导学生阐述自己的真实经历，说一说在生活中遇到的被劝学的场景。大部分学生都有过类似的经历，他们会非常积极地进行描述，并引发大家的共鸣。当学生的表达欲望被调动之后，教师再与学生共同探讨《劝学》中的内容。在这种氛围下，整体教学质量会得到明显提高。

（五）利用问题创设情境，引导学生思考探究

在教学文言文等难度较大的内容时，教师可以通过设计相关问题，引导学生在情境中思考和探究，从而激发他们的学习兴趣和动力。

针对《荆轲刺秦王》《鸿门宴》等文言文作品，教师可以设计一系列与人物、事件相关的问题，引导学生深入思考和探究。例如："秦始皇有何特点？""荆轲刺秦王失败的原因是什么？""项羽与刘邦的关系如何？"通过这些问题，学生不仅能够对故事背景和人物性格有更深入地了解，还能够培养他们的分析能力和思维方式。

在教学过程中，教师应该注重引导学生通过问题情境进行思考和讨论，而不是简单地给出答案。学生在探究问题的过程中，可以借助课堂讨论或小组合作的形式，共同探讨问题，分享自己的见解和理解。这样的互动过程不仅可以促进学生之间的交流和合作，还能够培养他们的批判性思维和团队合作精神。

通过利用问题创设情境，教师可以让学生在思考和探究中逐渐提高对文言文等内容的理解和应用能力，同时也能够增强他们的学习兴趣和主动性。这种教学方法能够有效地促进学生的全面发展，为他们的学习和成长打下良好的基础。

（六）完善教学评价体系，注重反思教学过程

语文教师在应用情境教学法时，需要重视教学评价活动的开展。通过教学评价，教师不仅可以了解学生的学习情况，还可以发现自己在教学中存在的弊端。尤其在最初尝试使用情境教学法时，如果教学评价结果变化较大，说明教学中存在较为严重的问题。此种情况下，教师要增加与学生的沟通，了解他们对情境教学的看法，以及他们对情境创设方式的看法，并以此为基础进行反思，及时发现自己的问题并加以改正。以往教师在对学生进行教学评价时，往往会采用考试或者测试的方式，根据成绩的起伏对学生进行初步评价。但此种评价方式具有较强的偶然性，并不能全面反映学生的实际学习情况，更无法根据最终的评价结果得

到有价值的反馈。为此，教师要调整评价方式，增加日常评价，记录学生平时在课堂中的表现，从综合角度出发，得到相对全面的评价。除此之外，教师还要设计一个反向评价环节，让学生对教师的教学进行评价，更直接地了解学生对教师的看法、对情境教学的看法，从而为后续高效开展教学打下良好基础。

二、对话式教学模式的实践

对话教学被认为是高中语文教学的一种重要方式，有助于学生掌握有效的语言表达技巧，推动他们更好地理解课堂内容。高中语文教师应致力于帮助学生打下坚实的阅读基础，创造融洽的学习氛围，并充分尊重学生个性化的发展需求。他们还应引导学生展开鉴赏与评价，激励他们对语文学习内容进行深入解读。在教学过程中，应合理设置讨论话题，以实现自我对话、民主对话、批判对话、审美对话、延伸对话和创造对话，从而促进学生语文素养的全面提升。

（一）奠定阅读基础，实现自我对话

在高中语文教学中，奠定阅读基础并实现自我对话是培养学生综合语文素养的重要环节。通过"对话式"教学模式，教师可以激发学生的自主意识和参与性，帮助他们更深入地理解文本意义，培养批判性思维和文学鉴赏能力。在这一过程中，教师的引导和激励至关重要，他们需要创设良好的教学环境和激励机制，引导学生自主展开对话，为他们的语文学习奠定扎实基础。

1. 教师应该注重对学生自主意识的培养

在课堂教学中，教师可以通过提出开放性的问题或话题，引发学生思考和讨论，鼓励他们表达个人观点和看法。同时，教师还可以设计一些启发性的学习任务，如小组讨论、个人写作等，激发学生的学习兴趣和主动性，培养他们自主学习的能力。

2. 教师应该注重对对话形式的灵活运用

在"对话式"教学中，对话形式可以是学生之间的互动对话，也可以是学生与教师之间的对话，甚至是学生与文本之间的对话。教师可以根据教学内容和学生特点选择合适的对话形式，引导学生积极参与，促进思想交流和碰撞，从而达到更好的教学效果。

3. 教师还应该注重对对话内容的引导和扩展

在课堂教学中，教师可以选择一些具有启发性和争议性的文本作为教学材料，引发学生的思考和讨论。同时，教师还可以通过提问、解释、举例等方式，帮助学生理清思路，深入探究文本意义，促进自我对话的展开，从而提高学生的文学鉴赏能力和批判性思维水平。

（二）营造和谐氛围，实现民主对话

"民主"是"对话式"教学模式的主要表现之一，有利于营造良好的教学氛围，构建良好的师生关系。对此，高中语文教师在实践"对话式"教学模式时，要积极听取学生的意见，尊重学生的理解与审美，给予学生更多探究空间。

例如：在学习部编版高一语文必修上册《劝学》一课时，在课堂导入阶段，教师可以借助多媒体设备向学生播放与"求学"相关的视频，一是用动态化的形式让学生明确文章主题，二是营造更加活跃的课堂氛围，为实现民主对话做好铺垫。在此过程中，教师可以根据视频内容，站在学生的角度与学生进行对话，如：这个视频讲述了高三学生为了自己的梦想拼搏、努力的故事，看的过程中，让人热血沸腾。教师将自己的感受讲出，能够在一定程度上拉近自己与学生的距离，激发学生的表达欲望。学生在教师的感染下说出自己的观看体验"感受到了高三学生的不容易""看到了坚持梦想的美"等，如此，学生与教师在课堂中的位置在一定程度上实现了"平等"，实现了"对话式"教学模式下的民主对话。其次，在具体的教学环节，教师同样要注意对学生的积极引导，对学生想法的尊重，以此进一步落实民主对话的意义。教师可以根据课文内容，向学生提出："这篇文章的中心论点是什么？是否可以告诉老师是从哪些地方得出的？"以此拉近自己与学生的距离，激发学生解读教材的欲望，实现民主对话下学生的深度学习。学生在梳理教材后得出："该文章的中心论点是'学不可以已'，即学习不可以停止。文本中有三个地方可以证明该论点，第一是'君子博学而日参省乎己，则知明而行无过矣'，第二是'君子生非异也，善假于物也'，第三是'骐骥一跃，不能十步；驽马十驾，功在不舍。锲而舍之，朽木不折；锲而不舍，金石可镂'。"如此，学生便在与教师的民主对话中实现了对文本的深刻理解。之后，教师还可以引导学生向自己提出问题，可以关于课文知识，也可以关于学习方法、教学建议等，一是更好地拉近师生距离，发挥民主对话教学模式的作用，二是让教师看到自身教学的不足，以便进行教学方法的调整，构建更高质量的高中语文课堂。总之，学生是课堂的主体，高中语文教师在进行"对话式"教学模式下的教学活动时，要积极营造和谐的课堂氛围，拉近师生距离，开展民主对话。

（三）尊重学生个性，实现批判对话

尽管学生处于同一班级、同一年龄段，但是受到教育背景、个人理解能力等的影响，学生之间还是会存在差异。因此在开展"对话式"教学模式下的高中语文教学时，教师要尊重学生之间的个性差异，积极调整教学方法，引导学生开展批判对话，尽可能满足学生的不同学习需求。

例如：在学习部编版高一语文必修下册《中国建筑的特征》一课时，教师可以根据学生在日常学习活动中表现出的学习能力，按照优势互补的原则，将班级学生划分为不同的学习小组，一是增强班级凝聚力，二是提高学生的学习效率，为更好地开展批判对话做好铺垫。教师可以根据教材内容，向学生提出小组讨论问题，如：对教材给出的"中国建筑的九大基本特征"进行梳理，并按照自己的理解对其进行分类。如：有的小组讨论得出，可以从中国建筑的构成、中国建筑的结构和中国建筑的装饰三个角度进行分类，即，木材结构、平面布置、个别建筑三个主要部分为中国建筑的构成，屋顶、举折、斗拱属于中间建筑的结构，建筑的材料性装饰、构件本身为装饰、颜色为中国建筑的装饰；有的小组认为可以从中国建筑的整体特点、中国建筑的装饰特点、中国建筑的结构特点三个部分进行分类。之后，教师便可以引导学生对如上两种分类方式进行辩论，并鼓励学生用自己的观点反驳对方观点，以此调动学生的逻辑性思维、批判性思维等，实现学生语文学习能力的深度发展。如：有的学生支持第一种分类方法，因为："第一种分类方法将中国建筑的九大基本特征平均划分为三个部分，更方便记忆"；有的学生支持第二种分类方法，认为："第二种分类方法更加准确、细致""第二种方法从中国建筑的整体特点延伸到局部特点，更加全面"。除此之外，为更好地展示辩论效果，在辩论开始前，教师可以鼓励学生对两种分类方式进行投票，记录两种方式的受支持率，在辩论结束后再次投票，一是进行最终结果的选择，二是让学生用更加直观的方式看到自己的思维变化，将批判对话的结果直观化、具体化，为学生批判性思维、逻辑性思维等的发展提供动力。总之，批判对话在高中语文教学中的应用不仅能够活跃学生的学习思维，还能够活跃课堂氛围，让学生对教材文本形成更加深刻地理解，最大化展现"对话式"教学模式的教学价值。

（四）面向鉴赏评价，实现审美对话

语文不只是学生进行知识学习的载体，还是提高学生审美能力的主要阵地。因此在开展"对话式"教学模式下的高中语文教学时，教师还要积极引导学生对教材文本进行欣赏，与文字对话、与作家对话，以此实现学生文学素养与审美水平的提升，助力学生的全面发展。

在学习高一语文必修上册《故都的秋》一课时，教师应当引导学生与文章进行对话，采用"对话式"学习模式进行作品鉴赏，以明确文章的主题和写作手法，从而积累更多的文学知识，为提升自身语文学习能力打下基础。例如，学生可以通过与文字进行"对话"，询问文章的主题是什么，是对祖国的热爱还是对家乡的热爱，以及作者采用了何种写作手法，如比喻或拟人。在此之后，教师可以鼓励学生以小组为单位展开深度阅读，模仿文字的风格进行回答。学生可能指出，文章的主题是对祖国的热爱，通过将悲秋与颂秋结合来表达对国运衰微的叹息。而在写作手法上，作者采用了摹绘写情、对比托情、旁逸衬情和建设誓显情等手法，通过这些手法使作品更加生动丰富。通过与文字的"对话"，学生能够感受到文字的美妙，体味到秋天的迷人之处。总的来说，学生的成长需要文学的陪伴，需要美的滋润。高中语文教学是提高学生审美水平的主要途径之一，因此教师在进行"对话式"教学模式的语文教学时，应积极引导学生与文字进行"对话"，帮助他们发现文字之美，从而实现学生审美水平的不断提升。

（五）激励深度解读，实现延伸对话

"一千个人眼中有一千个哈姆雷特"，对于文本的解读亦是如此，因此在进行高中语文教学时，教师要积极发挥"对话式"教学模式的优势，激励学生进行深度解读、创意解读，实现学生探究意识、创新意识等的共同发展。

在学习部编版高一语文必修下册《祝福》一课时，教师应以教材文本为基础，引导学生对祥林嫂的结局进行改写，并鼓励学生以此为中心展开对话。学生可以设想自己代入祥林嫂生活的鲁镇，与祥林嫂展开对话，探讨不同可能性。例如，祥林嫂可能会说："我真是愚蠢啊，我只知道下雪时山里的野兽会到村里来找食，可我却没想到春天也会降临。我让阿毛坐在门口剥豆……"学生则可以回应："大嫂，阿毛被狼叼走是无法预料的事情，这并不怪你。但现在最重要的是你要好好生活下去，用勤劳和努力改善生活，让阿毛安心……"

随后，教师可以引导学生思考祥林嫂的观念转变是否能改善她的生活。这一讨论可以引发学生对文本的深度思考，实现延伸对话。课堂结束后，教师还可以鼓励学生利用网络设备查找祥林嫂所处社会背景的真实状况，并与当时的农民、学生、工人等进行"跨时空对话"。这样的交流可以唤起学生对当下生活的珍惜之情，深化"对话式"教学模式的意义。

（六）设置合理话题，实现创造对话

在语文教学中，通过设置合理的话题可以促进学生之间的创造性对话，提高他们的思维能力和语言表达能力。以高中语文必修下册《雷雨》一课为例，教师可以设计话题让学生探讨周朴园是否真爱过鲁侍萍。这个话题涉及小说中人物的情感态度和行为表现，引发了学生对文本深层次的解读和思考。

有的学生认为周朴园爱过鲁侍萍。他们认为，在那个时代，封建礼制束缚严重，周朴园与鲁侍萍之间的身份和地位差距极大，但周朴园仍然选择了与鲁侍萍相爱，并且不顾一切地保留了鲁侍萍喜欢的陈设，表现出对她的深情。故事中的许多细节描写也可以证明周朴园的真爱，比如他与鲁侍萍相会后依然保持着亲密的关系，以及他在鲁侍萍去世后一直怀念她的情感表达等。这些观点强调了周朴园的真挚感情，认为他确实是爱过鲁侍萍的。然而，也有学生持相反的看法，认为周朴园并没有真正爱过鲁侍萍。他们指出，周朴园能够为了富家小姐抛弃鲁侍萍，说明他对鲁侍萍的感情并不深刻，而且在二人再次相遇后，周朴园对鲁侍萍的态度是冷漠甚至厌恶的，这也表明了他对鲁侍萍的感情并不真挚。这些学生认为，周朴园对鲁侍萍的感情只是一时的冲动，而不是真正的爱情。

通过这样的话题设置，学生可以在小组讨论或整个班级的交流中充分发表自己的观点，并听取他人的看法。这不仅促进了学生之间的交流和合作，还能够培养他们的分析能力和批判性思维。同时，这种对话式教学模式也为学生提供了展示自己观点和理解的平台，激发了他们的学习兴趣和动力。

第四节 多媒体技术在语文教学中的运用

一、多媒体在语文课堂教学中的应用现状

（一）教师应用多媒体工具的挑战与困境

尽管多媒体在语文教学中具有潜在的价值和广阔的应用前景，但在实际应用中，教师面临着一系列的挑战和困境。首先，部分教师的教学观念相对保守，缺乏与时俱进的意识和更新教学模式的能力。这些教师可能对于多媒体工具的操作不够熟练，无法灵活运用多媒体工具进行课堂教学，从而导致课堂氛围的不活跃和学生学习积极性的不高。其次，部分教师可能存在认知偏差，只是简单地将多媒体工具用于应对特定的课堂场景，而忽视了多媒体工具与课堂内容的融合。这

种做法导致教学模式的单一和活动创新性的不足，无法充分发挥多媒体的教学作用。最后，部分教师在运用多媒体工具进行教学时，只关注课本知识的演示，而忽视了与学生实际需求的结合，无法有效培养学生的思维创造能力和语言组织能力。

（二）学校应加强教师多媒体应用能力培训

为了解决教师在应用多媒体工具过程中遇到的挑战和困境，学校需要加强对教师的多媒体应用能力培训。这种培训不仅仅是关于多媒体工具的操作技能，更重要的是培养教师的教学创新意识和教学设计能力。通过培训，教师可以更加熟练地掌握多媒体工具的使用方法，灵活地运用于课堂教学之中。同时，培训还可以帮助教师理解多媒体工具与课堂内容的融合，以及如何将多媒体工具应用于不同教学场景中，从而提高教学效果和教学质量。

（三）强调多媒体工具与课堂内容的融合

在教师使用多媒体工具进行课堂教学时，应该注重选择与课堂内容相匹配的多媒体资源，设计合理的教学活动，以促进学生的思维发展和语言能力提升。同时，教师还应该根据学生的实际需求，将多媒体工具与教学内容相结合，引导学生进行思维拓展和创新实践，培养其综合素养和创新能力。通过强调多媒体工具与课堂内容的融合，可以提高教学的针对性和有效性，为学生提供更加丰富多彩的学习体验。

二、多媒体在课堂应用中存在的问题

（一）课件内容质量较差

1. 教师素质落后，技术应用困难

教师群体中存在着一部分年龄较大，教育背景与新媒体技术应用相对脱节的人。这些教师由于缺乏对新兴技术的接受与应用，难以熟练地操作多媒体工具，从而导致制作的多媒体课件质量参差不齐。即便有一定技术能力的教师，在制作多媒体课件时，也可能只关注效率而忽视质量，简单复制粘贴内容，缺乏原创性和深度。

2. 教学设计缺乏多媒体融合

部分教师在多媒体课件制作中仅注重表面的多媒体元素的添加，而忽视了与课堂内容的深度融合。他们只是简单地将书本内容搬到课件中，而缺乏对于语文知识的拓展与更新。这种单一的应用途径导致了多媒体课件与传统教学模式的重合，无法有效地激发学生的兴趣和思考。

3. 无法展示语文魅力与乐趣

由于多媒体课件的质量不高，教师难以向学生充分展示语文专业知识的魅力与乐趣。学生在课堂上接触到的多媒体内容往往质量参差不齐，缺乏深度和广度，无法激发学生对语文学科的浓厚兴趣，导致学生的综合素养得不到有效提升。

（二）多媒体的应用途径单一

1. 教学内容缺乏创新与拓展

部分教师在设计多媒体课件时只注重于教材内容的呈现，而忽略了对于语文知识的拓展与更新。他们过于依赖于传统的教学模式，仅仅在课件中加入少量的多媒体元素，导致学生的学习体验极为单一，难以激发学生的兴趣与思考。

2. 多媒体工具回归课本教学

尽管多媒体技术为教学提供了新的可能性，但部分教师却未能有效地利用多媒体工具进行教学内容的创新和拓展。他们仅仅将多媒体课件作为课本教学的辅助工具，而未能将其融入教学内容的深度探究中，导致学生对课堂内容的理解和掌握程度有限。例如：在唐代诗人王维《山居秋暝》一诗的课程教学中，部分教师可能仅仅在传统的一言堂的教学模式上，插入一些相关的图画、音频，这不仅没有进一步让学生的语文素养和道德情操等方面得到有效提升，还无法对学生的世界观、人生观和价值观的塑造起到较好的引导，难以培养出社会和国家需要的综合型人才。

3. 缺乏引导学生思考与创新的设计

多媒体课件的应用往往缺乏对学生思维发展和创新能力的引导。教师过分依赖于多媒体工具的呈现效果，而忽视了对学生思维能力和创新能力的培养。这种单一的应用模式使得学生缺乏自主思考和探究的机会，难以培养出综合素养和创新意识。

（三）多媒体教学模式缺乏创新

1. 教师综合技能逐渐下降

部分教师过度依赖于网络信息分享和下载，缺乏对课件内容的深度思考和改编。这种"拿来主义"的教学模式使得教师的综合技能逐渐下降，无法有效地满足学生的学习需求，也不利于课堂教学效率的提升。而且，即使是不直接依赖于网络下载的教师，也可能倾向于套用模板化的教学内容，缺乏创新的设计。长此以往，教学模式的单一性会导致学生的学习兴趣降低，难以激发学生的思维创新和自主学习能力的培养。

2.教学内容缺乏个性化设计

部分教师在利用多媒体进行教学时，缺乏对学生个性化需求的考虑，过于泛泛地应用通用的教学内容。他们未能根据学生的实际情况和学习水平进行差异化教学设计，导致学生对教学内容的接受程度参差不齐。这种统一化的教学模式难以激发学生的学习兴趣和参与度，影响了教学效果的提升。例如：《氓》《赤壁赋》等课文在网站搜索中输入课文名以及课件等关键词句，就能迅速得到许多制作精美的课件，这会导致教师的综合技能逐渐下降，不仅不利于教师专业素养的提升，也不利于课堂教学效率的提高。

3.缺乏对新技术的深度理解与运用

尽管多媒体技术为教学提供了广阔的空间，但部分教师对新技术的理解和应用仍然存在一定的局限性。他们缺乏对新技术的深度理解，无法充分发挥多媒体在教学中的优势。因此，他们的教学内容和模式常常停留在表面，难以满足学生在信息化时代的学习需求。

三、课堂教学中多媒体应用问题的原因分析

（一）多媒体的应用趋于形式化

基于当代教育理念，教师在课堂教学中应充分发挥学生的主动性，以推动学生的全面成长。然而，受到应试教育的影响，某些地区的教育部门和学校仅以考试成绩为导向，忽视学生核心素养的培养，对于教学手段和工具的运用往往流于形式。在公开课等场合，为了追求更好的教学评价，教师通常会选择应用多媒体工具进行课堂教学。然而，若对多媒体课件的选择和使用不当，则可能会导致教学质量下降和学生学习积极性不高的问题。举例而言，在教学过程中，若教师选用质量不佳的多媒体课件，且未对其内容和设计进行合理审视和规划，则会导致教学资源的浪费，同时影响学生的学习效果，不利于语文素养和逻辑思维的培养。此外，在语文教学中，有些教师倾向于通过教授解题技巧来培养学生获取高分的能力，而忽视了学生自主学习和语言组织能力的培养。另外，出于节约成本和提高教学效率的考虑，一些教师采用了填鸭式的常规教学方法，并在语文课程中引入多媒体课件，导致学生处于被动接受的状态，而非主动思考。在制作多媒体课件时，有些教师未能将其与语文知识点有机结合，反而加入了各种娱乐因素，这不仅削弱了学生的感官刺激，还妨碍了师生之间的有效交流，对学生的健康发展

造成一定阻碍。

（二）教师对多媒体工具过于依赖

随着时代的进步，学生可以通过生动的图像、音频等多媒体手段来理解中国文学的内涵和意义。然而，过度依赖多媒体技术可能会使学生缺乏足够的时间去反复朗读作品，从而难以深刻领会作者创造的美妙意境。目前来看，新媒体工具已经普及到了大部分高中的教学课堂中，多媒体技术的广泛应用主要是为了帮助教师展开教学，更加细致地分析课文内容和知识，提高课堂教学的效率。然而，在实际教学中，一些教师却出现了过度依赖多媒体工具的情况，既没有从文本知识的角度出发，利用作品展示来帮助学生理解书本知识，也没有深入挖掘课文作者的家庭、教育背景和写作原因，从而加深学生对课文内容和中心思想的理解。这种现象对学生的知识水平和学习质量产生了一定的阻碍。长此以往，学生对文章内容进行深入思考的能力将会减弱，想象力也会受到一定程度的限制。

（三）多媒体技术使教学陷入模板化

在课程教学活动中，一些教师为了节约时间，常常会使用相同的新媒体工具做更多有利于提升学生解题技巧能力的训练，没有及时进行课堂教学模式与教学方法的更新，授课时无论讲什么内容，都采用相同的讲课程序。例如：在讲解诗歌或者散文时，部分教师一般会通过动画或者文字等方式引入课文，再介绍作者的生平事迹，然后描述课文知识点，很少有创新性的内容，使原本具有创造性的新媒体，失去了自身原有的意义。随着新媒体的智能化，学生和教师在课堂上的学习方式发生了一定的变化，学生可以通过网络平台积极学习书本相关知识，拓宽自身的思维边界，提高课堂学习效率。但是，受应试教育的影响，一些教师为了提高学生的分数，模板化教学课件，将课堂简单化，答案唯一化，这种情况严重限制了学生的发散思维能力。教育最好的方法是言传身教，教师的行为举止是语文教学课堂的第二课堂，教师的思想情感、人格和治学态度是学生的隐形课本，而过多地采用模板化的多媒体技术进行教学，会使学生难以与教师产生双边交流互动，不利于形成良好的师生关系，不符合新课改要求。

四、多媒体技术在高中语文教学中的优化措施

（一）巧用多媒体，创设教学情境

高中语文的教学课堂不单纯是让学生理解和背诵书本知识，更应培养学生将

所学知识与实际生活相结合的能力。现代化、科学化的多媒体技术是实现这一目标的有效手段，在大班额的条件下尤其具备实用性。比如，在讲解《小石潭记》这一课时，教师可以巧妙地利用多媒体课件来动态展示潭水的独特之处，让学生亲眼见证潭水的美丽与魅力，从而更深刻地理解作者的思想情感。多媒体丰富的教学资源以及可视化的特点，使传统的语文课程教学模式更具情境感、更富生活气息。语文课程本身就是一个注重人文情怀和道德素养的领域，因此在利用多媒体技术进行教学时，也应该保持这一特点。为了激发学生对语文学科的兴趣，提高学习的主动性和积极性，教师应充分利用现代化技术提供的支持，创设相关的教学情境，迅速提高教学质量，使学生不断扩大学习视野，提高语文素养，实现个性化发展，培养出更全面的人才。只有这样，语文课程才能真正成为一门有价值的学科，为教育带来更多的福利，培养出更健全的人才。

（二）巧用多媒体，实现分层教学

借助多媒体技术，教师能够更好地进行分层教学，针对不同学生的学习需求和水平进行有针对性地教学。在课堂教学中，教师应灵活运用多媒体工具，选择适合文章内容的新媒体教学资源，创新教学模式和方法，以提高教学效率。语文学科的知识内容通常可以分为基础部分和进阶部分，教师可以根据知识的难易程度进行教学设计。对于基础知识，教师可以采用传统的教学方式进行讲解；而对于较难的内容，教师可以结合多媒体技术，将抽象的概念具体化、枯燥的内容生动化、乏味的知识变得有趣、深奥的概念更加直观化。这样的教学方法能够激发学生的学习兴趣和主动性，促进他们的自主学习能力、语言表达能力和逻辑思维能力的提升。

（三）巧用多媒体，构建线上课堂

在传统的教学方式下，教师通常难以及时了解学生的学习情况，无法有效地进行个性化的指导与辅导。然而，随着信息技术的迅速发展和互联网的广泛应用，教师可以充分利用网络平台的优势，构建起线上课堂，打破时间和空间的限制，实现更加灵活的教学模式。在线上课堂中，教师可以设置预习环节，引导学生在课前自主学习新知识，加深对课本内容的理解和掌握，为课堂教学提供良好的铺垫。同时，教师还可以安排线上作业，及时了解学生的学习情况，为他们提供针对性地反馈和指导，促进他们的学习进步。因此，教师应充分利用现代信息技术的便利，灵活运用多媒体技术，活跃线上课堂氛围，激发学生的学习兴趣，推动他们全面发展。

第五章　高中生学习策略与个性化教学

第一节　学生学习策略的概念与分类

学习策略是指学生在学习过程中有意识地选择、使用和控制学习方法、技巧和策略的过程，是实现学习目标的手段和途径。学习策略的分类主要基于学习过程中不同方面的需求和应用，涵盖了认知、元认知和学习资源管理策略等几个重要方面。

一、认知策略

（一）归纳与概括

归纳与概括是学习过程中重要的认知策略之一。通过归纳和概括，学生能够将大量的信息和知识进行整合和概括，从而更好地理清思路，提高对知识的整体把握能力。在语文学习中，归纳与概括不仅可以帮助学生理解和掌握文本内容，还可以培养学生的分析能力和逻辑思维能力。具体来说，归纳与概括在语文学习中的作用有以下几个方面：

1.理清思路

通过归纳和概括文本中的重要信息和主题，学生能够更清晰地理解文本内容，抓住重点，形成整体性的认识，有利于学生对知识的整体把握和理解。

2.提高分析能力

归纳与概括要求学生对文本进行分析和总结，从而提高学生的分析能力和归纳能力。学生在归纳和概括过程中，需要将文本中的信息进行提炼和概括，形成总结性的结论，这对于提高学生的分析思维能力非常有益。

3. 加深对知识的理解

通过归纳和概括，学生能够将抽象的知识转化为具体的概念或结论，从而加深对知识的理解和掌握。归纳和概括可以帮助学生将零散的知识点联系起来，形成完整的知识体系，有利于学生对知识的系统性理解。

（二）分类与比较

分类与比较是学习过程中常用的认知策略之一。通过将学习材料进行分类整理，比较不同部分之间的异同，有助于学生深入理解文本内涵，提高文学鉴赏能力。在语文学习中，分类与比较不仅可以帮助学生系统地理解文本内容，还可以培养学生的分析思维和批判性思维。具体来说，分类与比较在语文学习中的作用有以下几个方面：

1. 深入理解文本

通过对文本进行分类整理和比较分析，学生能够更深入地理解文本内涵，把握作者的写作意图和文学特点。分类与比较有助于学生将文本中的信息进行系统整合和归纳总结，形成对文本的全面理解。

2. 提高文学鉴赏能力

分类与比较要求学生对文本中的不同部分进行比较分析，从而提高学生的文学鉴赏能力。学生在分类与比较过程中，需要分析文本中的语言运用、情节安排、人物塑造等方面的异同，有助于提高学生对文学作品的理解和评价能力。

3. 培养分析思维

分类与比较要求学生对文本进行分析和比较，从而培养学生的分析思维和逻辑思维能力。学生在分类与比较过程中，需要对文本中的不同部分进行归纳总结和比较分析，有助于提高学生的分析思维和判断能力。

（三）创造性思维

激发学生的创造性思维，鼓励他们提出自己的见解和观点，培养批判性思维和创新能力。在语文学习中，创造性思维不仅可以帮助学生深入理解文本，还可以激发学生的文学创作潜力，培养学生的审美情趣和文学修养。具体来说，创造性思维在语文学习中的作用有以下几个方面：

1. 激发学生的思维活跃

创造性思维要求学生积极参与到文本解读和思考中，提出自己的见解和观点。学生在创造性思维的过程中，可以充分发挥自己的想象力和创造力，从而激发学生的思维活跃，培养学生的独立思考能力。

2. 培养批判性思维

创造性思维要求学生对文本进行深入思考和分析，从不同角度和层面审视文本内容。学生在创造性思维的过程中，需要对文本中的观点和论据进行评价和分析，培养学生的批判性思维和分析能力。

3. 提高创新能力

创造性思维要求学生不断提出新颖的见解和观点，寻找文本中的创新点和亮点。学生在创造性思维的过程中，可以锻炼自己的创新能力和创造力，培养学生的创新意识和创新思维方式。

二、元认知策略

（一）设定明确的学习目标

学生通过设定明确的学习目标，可以清晰地了解自己的学习方向和目标，从而提高学习动力和积极性。明确的学习目标应当具有以下特点：

1. 具体性

学习目标应该具体而清晰，明确指出学生所要达到的学习成果或目标。例如，学生可以设定"本周内掌握《红楼梦》的人物关系和情节发展"这样具体的学习目标，而不是笼统地说"学习《红楼梦》"。

2. 可操作性

学习目标应该是学生能够实际操作和实现的。学生在设定学习目标时，应考虑到自己的实际学习能力和时间安排，确保目标的实现性和可操作性。

3. 可衡量性

学习目标应该是可以进行衡量和评估的，学生能够通过一定的标准或评价体系来确定自己是否达到了学习目标。例如，学生可以通过考试成绩、作业完成情况或课堂表现等来衡量自己是否达到了设定的学习目标。

（二）制定合理的学习计划

制定合理的学习计划是学生有效使用元认知策略的关键环节之一。学生通过制定合理的学习计划，可以有效地安排学习时间和任务，提高学习效率，避免拖延和浪费时间。制定合理的学习计划应当具有以下几个方面：

1. 确定学习任务

学生首先明确自己需要完成的学习任务和目标。通过分析学习任务的性质和难度，学生可以确定自己需要完成的学习内容和任务。

2. 安排学习时间

学生应当根据自己的学习任务和时间安排，合理安排学习时间。学生可以通过制定学习计划表或时间表，将学习时间分配到不同的学习任务和内容上，确保每天都有充足的时间用于学习。

3. 制定学习步骤

学生可以将学习任务分解为具体的学习步骤和阶段，逐步完成学习任务。通过制定学习步骤和计划，学生可以清晰地了解自己需要完成的每一个学习阶段和目标，从而提高学习的系统性和条理性。

（三）监控学习进度和执行情况

监控学习进度和执行情况是学生有效使用元认知策略的重要环节之一。通过监控学习进度和执行情况，学生可以及时了解自己的学习状态和进展情况，发现问题并及时调整学习策略，确保学习计划的顺利实施。监控学习进度和执行情况包括以下几个方面：

1. 定期检查学习进度

学生应当定期检查自己的学习进度，了解自己完成学习任务的情况。通过定期检查学习进度，学生可以及时发现学习进度是否与预期相符，是否存在拖延或延误的情况。

2. 分析学习效果

学生应当及时分析自己的学习效果，评估学习成果和学习质量。通过分析学习效果，学生可以了解自己的学习表现和水平，发现学习中存在的问题和不足之处。

3. 反馈学习结果

学生可以通过各种形式的反馈机制，获取他人或外部资源对自己学习结果的评价和反馈。通过反馈学习结果，学生可以了解他人对自己学习成果的看法和评价，从而更好地认识自己的学习水平和能力。

三、学习资源管理策略

资源策略是指学生在学习过程中利用外部资源来辅助学习的方法和技巧。这些资源包括学习资料、工具设备、人际关系等。在语文学习中，学生可以通过以下方式管理学习资源：

（一）查找资料

在语文学习中，学生可以通过各种渠道查找与学习内容相关的资料，从而丰富学习资源，拓展知识面。首先，学生可以利用图书馆的资源，借阅与学习内容相关的书籍、期刊和文献资料，通过阅读和研究，深化对学习内容的理解和把握。其次，学生还可以利用互联网的便利性，通过搜索引擎、在线图书馆等网络平台查找与学习内容相关的电子资料、学术论文和专题报道，获取最新、最全面的学习资源。最后，学生还可以参加各种线上线下的学习活动和讲座，与专家学者进行面对面的交流和互动，获取更深入、更专业的学习资料和信息。通过不断查找资料，学生可以拓宽自己的学习视野，提高对语文知识的理解和运用能力。

（二）借助工具

在当今数字化时代，学生可以借助各种先进的工具和设备来辅助语文学习，提高学习效率和便利性。首先，学生可以利用电子设备如电脑、平板和智能手机等，下载安装各种语文学习软件和应用程序，如字典、词典、阅读器等，便捷地获取学习资料和知识点，随时随地进行学习和复习。其次，学生还可以利用多媒体设备如投影仪、音响等，观看语文相关的影视作品、听取语文相关的音频节目，丰富学习资源，提高学习兴趣和参与度。最后，学生还可以利用各种办公软件和工具来整理和管理学习资料，制作学习笔记、课件和报告，提高学习效率和质量。通过借助工具，学生可以更加便捷、高效地进行语文学习，提高学习成果和成就感。

（三）参与讨论和合作学习

语文学习是一个交流与分享的过程，学生可以通过参与讨论和合作学习，与同学、老师和专家进行交流和互动，分享学习经验和资源，促进学习共同进步。首先，学生可以积极参加课堂上的讨论和研讨活动，与同学共同探讨学习内容，交流学习心得和体会，激发学习兴趣和创造力。其次，学生还可以参加各种语文学习社群和论坛，与其他语文爱好者进行交流和互动，分享学习资源和心得体会，拓展学习视野和交际圈子。最后，学生还可以参与各种语文学习项目和竞赛活动，与其他学生进行合作学习和比赛竞技，共同提高学习水平和能力。通过参与讨论和合作学习，学生可以积极主动地参与语文学习，充分利用外部资源，提高学习效果和成就感。

第二节 学生学习策略的培养与引导

一、优化课堂导入设计

课堂导入作为一节课的起始环节，它对于激发学生的学习兴趣、明确学习目标和形成积极的学习态度至关重要。

（一）注重情境的创设与情感的激发

1. 真实情境的营造

课堂导入的设计应该注重营造真实的情境，使学生能够在情感上与课程内容建立联系。教师可以通过展示与学生生活密切相关的图片或视频，或者讲述一个贴近学生生活的故事，引起学生的情感共鸣，激发他们的学习兴趣。例如，在讲述《红楼梦》中贾宝玉与林黛玉之间的爱情故事时，可以先通过展示古代园林的图片或视频来营造出古代社会的氛围，让学生身临其境，感受到故事情节的真实性和感人之处。

2. 情感体验的强化

除了创设情境，课堂导入设计还应该强化学生的情感体验。教师可以通过音乐、诗歌或情感色彩鲜明的语言来营造出课程内容所表达的情感氛围，让学生能够在情感上投入到学习中。例如，在讲述《诗经》中的爱情诗时，可以播放一段优美的古风音乐，或者朗诵一首富有感情色彩的诗歌，让学生在音乐和诗歌的陶醉中感受到诗歌所表达的深情。

（二）强调问题导向与思维激活

1. 启发性问题的设置

课堂导入设计应该设置具有启发性的问题，引导学生思考，激活他们的思维。这些问题可以是与课文内容相关的预设疑问，也可以是与学生生活经验相关的情境问题。通过提出问题，可以激发学生的好奇心和求知欲，促使他们主动探索和思考。例如，在讲述《论语》中的"仁"的概念时，可以提出"什么是真正的仁爱？"这样的问题，让学生思考并展开讨论，从而深入理解仁的内涵和价值。

2. 思维方式的引导

除了提出问题，教师还应该引导学生采取合适的思维方式来解决问题。例如，可以教导学生运用归纳和演绎的思维方式来分析问题，运用比较和类比的思维方式来解决问题，以培养他们的批判性思维和创新能力。通过引导学生运用不同的思维方式，可以拓展他们的思维空间，提高解决问题的能力。

（三）注重知识的衔接与体系的构建

1. 前后知识的衔接

课堂导入设计应该注重衔接新旧知识，帮助学生构建完整的知识体系。教师可以回顾上一堂课的重点内容，将新的知识与之前学过的知识联系起来，使学生能够理清知识脉络，形成系统的学习框架。例如，在讲述《水浒传》中的人物关系时，可以回顾上一堂课讲过的人物形象和故事情节，为学生建立起相关的背景知识，以便更好地理解新的内容。

2. 知识体系的构建

除了衔接知识，课堂导入设计还应该帮助学生构建知识体系，将零散的知识点串联起来，形成完整的学习体系。教师可以通过引入相关背景知识或拓展材料来丰富学生的知识储备，提高他们的综合素养。例如，在讲述《西游记》中的人物形象时，可以先介绍中国古典小说的发展历程，然后引入《西游记》的创作背景和作者简介，以及主要人物的形象特点和故事情节，帮助学生建立起对小说整体的认识和理解。

3. 知识点的延伸和拓展

在课堂导入设计中，教师还可以通过引入相关的延伸知识点或拓展材料，拓宽学生的学习视野，提高他们的思维深度和广度。例如，在讲述《红楼梦》中的意境描写时，可以引入中国古典诗词的欣赏和鉴赏，让学生了解诗词与小说的联系，拓宽他们的文学视野和审美情趣。

二、充实新授环节

核心素养导向下的语文课堂结构优化旨在提升学生的语文素养和综合能力。在该过程中，充实新授环节尤为关键。它不仅是知识传递的重要环节，而且是学生能力形成与思维拓展的平台。

（一）激发学生的学习兴趣

1. 创设情境引发共鸣

在新授环节的开始，教师可以通过创设具体生活情境或者引入引人入胜的故事，使学生能够与课文内容产生共鸣。例如，在教授《红楼梦》的相关章节时，可以通过讲述一个关于友情、爱情或亲情的真实故事，让学生在情感上与小说中的人物产生共鸣，从而引起他们对课文的兴趣和好奇心。

2. 结合学生兴趣点

教师可以根据学生的兴趣爱好，选择与课文内容相关的话题或素材，使学生更容易产生兴趣。比如，在教授古诗词时，可以选择与学生生活经验相关的诗词，或者结合当下热门话题，引导学生主动探索其中的内涵和意义。

3. 利用多媒体资源增加趣味性

教师可以利用多媒体资源，如视频、音频、图片等，将课文内容呈现得更加生动有趣。例如，在教学《西游记》时，可以播放一段与故事情节相关的动画片段，或者展示精美的插图，吸引学生的注意力，让他们更加主动地投入到学习中。

（二）注重问题的设计与引导

1. 提出启发性问题

在新授环节中，教师应该设计具有启发性的问题，引导学生思考。这些问题可以是针对课文内容的理解和解读，也可以是与学生生活经验相关的探讨性问题。通过问题的提出，激发学生的思维，引导他们积极参与到课堂讨论中。

2. 引导深入思考

教师在设计问题时，要注重问题的深度和广度，引导学生进行深入思考。可以通过提出开放性问题，鼓励学生自由发挥想象力，拓展思维的边界。同时，也要给予学生充分的时间和空间，让他们有足够地思考和表达的机会。

3. 注重问题解决过程

在引导学生解答问题的过程中，教师应该重视学生的思维过程，而不仅仅关注答案的正确与否。可以通过适时地引导和点拨，帮助学生克服困难，培养他们解决问题的能力和方法。

（三）丰富新授环节的内容与形式

1. 多媒体资源的运用

教师可以充分利用多媒体资源，如视频、音频、图片等，丰富新授环节的内容形式。可以通过播放相关视频片段或者展示精美的图片，使学生能够更直观地理解课文内容，增强学习的趣味性和吸引力。

2. 探究性学习任务

教师可以设计一些探究性学习任务，让学生在新授环节中积极参与，主动探索。例如，可以组织学生进行小组讨论或者研讨活动，共同探讨课文中的重要问题或者疑点，从而加深对课文内容的理解和掌握。

3. 表演与互动

在新授环节中，教师还可以安排学生进行课文内容的表演或者角色扮演，通过身临其境地体验，使学生更加深入地理解和感受课文内容。同时，也可以组织学生进行互动游戏或者竞赛活动，增强学习的趣味性和参与度。

三、深度钻研教材内容

在核心素养导向下的语文课堂教学中，深度钻研教材内容具有积极意义，它不仅关乎教学质量，而且影响学生学科核心素养的提升。

（一）理解教材编写的意图和体系

每套教材均有其独特的编写理念和体系架构。这些是教材编写者根据教学规律、学科特点以及学生认知规律精心设计的。教师需要通读教材，了解整套教材的编排体系、知识脉络和内在联系，把握每个单元、每篇课文在整套教材中的作用。这样，教师才能做到有的放矢，将教材内容与核心素养培养结合起来。

（二）挖掘教材文本的内涵和价值

教材文本是教学的载体，其中蕴含着丰富的思想情感、人文精神和文化知识。教师需要通过对文本的细读、深读，挖掘它的内涵和价值，如作者的思想感情、文本的艺术特色、语言风格以及蕴含的文化底蕴。同时，教师需要关注文本与生活、社会的联系，寻找文本与学生经验的契合点，以激发学生的学习兴趣和探究欲望。

（三）科学设计教学目标和教学内容

教学目标是教学的出发点和归宿，它决定了教学内容的选择。教师在深度钻研教材的基础上，需要结合学生的核心素养培养要求，科学设计教学目标。教学目标要具体、明确、可操作，既要体现知识与技能的培养，又要关注过程与方法、情感态度与价值观。

第三节　个性化教学的理论基础与实施策略

一、个性化教学理论的基础与内涵

（一）差异教育理论

差异教育理论认为，每个学生都是独特的个体，具有自己独特的学习风格、兴趣爱好和发展潜力。因此，教育应该充分考虑学生的个体差异，采用差异化的教学方法和手段，满足每个学生的学习需求和发展潜力。在语文教学中，差异教育理论强调教师应该根据学生的语言能力、阅读水平和文学素养等方面的差异，设计个性化的教学方案和课程设置，以促进每个学生的语文素养和能力发展。

（二）个别化教学理论

个别化教学理论注重教学的个性化和针对性，强调教师应该根据每个学生的学习情况和需求，量身定制个性化的学习计划和教学策略。在语文教学中，个别化教学理论要求教师应该根据学生的语言表达能力、阅读理解水平和文学兴趣等方面的差异，设计差异化的教学内容和任务，帮助学生实现个性化的语文学习目标。

（三）学习型教学理论

学习型教学理论认为，学生是学习的主体，教师是学习的引导者和组织者，教学应该以学生为中心，注重学生的主动参与和自主学习。在语文教学中，学习型教学理论要求教师应该根据学生的学习需求和兴趣，设计具有挑战性和启发性的学习任务和项目，激发学生的学习兴趣和动机，促进其主动探索和自主学习。

个性化教学的内涵包括个体化教学目标的设定、个别化教学内容的选择、灵活多样的教学方法和手段的运用，以及个性化评价和反馈等方面。个性化教学旨在充分尊重学生的个体差异，促进其全面发展，实现优质教育资源的平等分配和有效利用。

二、个性化教学在语文教学中的实践策略

（一）根据学生的学习水平和兴趣设计个性化的学习目标和内容

1. 针对学生的语言水平和阅读能力设计个性化的学习目标

针对学生的语言水平和阅读能力，设计个性化的学习目标是实施个性化教学的关键步骤之一。这不仅有助于更好地满足学生的学习需求，还可以有效提高教学效果，促进学生的全面发展。

第一，针对语言能力较弱的学生，教师可以设定简单明了的学习目标。在这一方面，教师需要着重考虑学生的基础词汇量和阅读理解能力。针对词汇量较少的学生，学习目标可以包括逐步扩大词汇量，掌握常用词汇及其基本用法。同时，针对阅读理解能力较弱的学生，学习目标可以着重于提高学生对课文内容的理解能力，包括抓住关键信息、推断词义、总结段落主旨等。例如，通过细读课文，学生可以逐句理解词语的含义，并能够简单描述课文的主要内容。

第二，对于语言能力较强的学生，教师可以设定更高层次的学习目标，以进一步挑战其语言水平和阅读能力。在这方面，教师可以通过拓展词汇量、深化阅读理解能力等方式设计个性化的学习目标。对于词汇量较丰富的学生，可以设定目标，要求他们掌握更多的高级词汇，并能够正确运用于语境中。对于阅读理解能力较强的学生，学习目标可以包括深入分析课文，挖掘其中的隐含信息，进行跨文本阅读等。例如，通过与学生讨论课文的背景、文化内涵以及作者的写作意图，激发学生的思考和创新能力，提升他们的阅读理解水平。

在实施个性化教学目标的过程中，教师需要综合考虑学生的实际情况、学习需求和学科特点，灵活调整教学策略和方法，确保学生能够达到预期的学习效果。此外，教师还需要及时进行评估和反馈，帮助学生发现学习中的问题和不足，指导他们制定有效地学习计划，持续提升自己的语言水平和阅读能力。

2. 根据学生的文学兴趣设计个性化的学习内容

学生对文学的兴趣有着极大的差异性，有些可能热爱古典文学，如古诗词和经典小说，而有些则更偏好当代文学作品，如现代诗歌、短篇小说等。因此，教师需要根据学生的兴趣爱好，选择符合其口味的文学作品，设计个性化的学习内容，以激发学生的学习兴趣，促进其全面发展。

第一，对于对古典文学感兴趣的学生，教师可以设计涉及古诗词、古典散文和古代小说等的学习内容。在这方面，教师可以选择一些经典的古诗词，通过分

析诗词的意境和表达方式，引导学生领略古人的智慧和情感。同时，教师还可以选取一些优秀的古典散文，通过解读其中的名句和典故，引导学生深入理解中国传统文化的精髓。此外，教师还可以选择一些古代小说，如《红楼梦》《西游记》等，通过讲解情节和人物形象，激发学生对古代文学的兴趣和热爱。

第二，对于对当代文学感兴趣的学生，教师可以设计涉及现代诗歌、现代小说和现代散文等的学习内容。在这方面，教师可以选择一些具有代表性的现代诗歌，如余光中、北岛等诗人的作品，通过分析诗歌的语言特点和意象意境，引导学生感受现代诗歌的魅力和艺术性。同时，教师还可以选取一些优秀的现代小说，如《活着》《围城》等，通过解读小说的主题和人物形象，引导学生思考现代社会和人性的问题。此外，教师还可以选择一些现代散文，如鲁迅、茅盾等作家的散文，通过讲解散文的观点和情感，激发学生对当代文学的兴趣和理解。

在设计个性化的学习内容时，教师还应该考虑学生的年龄特点、认知水平和学科要求，合理安排学习内容和教学活动，确保学生能够理解和接受所学知识。同时，教师还应该注重培养学生的文学鉴赏能力和批判性思维能力，引导他们深入理解文学作品的内涵和价值，提升其综合素养和文学修养。

3. 培养学生的自主学习能力

自主学习能力是指学生在学习过程中具备自主选择学习内容、制定学习计划、管理学习时间、解决学习问题和评价学习成果的能力。通过培养学生的自主学习能力，可以激发他们的学习主动性和创造性，提高他们的学习效率和质量，实现个性化教学的目标。

第一，鼓励学生自主选择学习内容是培养自主学习能力的重要途径之一。教师可以通过提供多样化的学习资源和参考资料，让学生根据自己的兴趣和需求，选择适合自己的学习内容。例如，在语文教学中，教师可以提供多种文学作品和阅读材料，让学生根据自己的文学爱好和学习目标，选择适合自己的阅读内容，从而激发他们的学习兴趣和主动性。

第二，引导学生制定个性化的学习计划也是培养自主学习能力的重要手段之一。学生可以根据自己的学习目标和时间安排，制定详细的学习计划，包括学习内容、学习方法和学习时间等方面。教师可以在学生制定学习计划的过程中给予指导和建议，帮助他们合理安排学习任务和时间，培养他们的时间管理能力和学习计划能力。

第三，教师还可以通过解决学习问题的方式培养学生的自主学习能力。在学习过程中，学生可能会遇到各种学习问题和困难，教师可以引导他们主动寻找解决问题的方法和策略，提高他们的问题解决能力和学习自信心。例如，在语文学习中，学生可能会遇到词汇理解困难、阅读理解障碍等问题，教师可以引导他们通过查阅词典、阅读辅助材料等方式，解决学习中的难题，从而提高他们的学习能力和自信心。

第四，教师还可以通过评价学习成果的方式促进学生的自主学习能力。在学习过程中，教师可以采用多种评价方式，如作业评价、考试评价、项目评价等，让学生参与评价过程，自我评价和互相评价，从而促进他们对学习成果的认识和反思，培养他们的自我管理能力和学习动力。

（二）采用多样化的教学方法和手段，满足不同学生的学习需求

1. 结合小组合作和个人辅导

小组合作是一种促进学生合作、交流和互动的有效方式，可以培养学生的团队合作能力和社交技能。在语文教学中，教师可以根据学生的学习水平和需求，灵活安排小组合作活动。对于学习能力较强的学生，可以组织小组合作，让他们共同探讨、分享和解决问题，从而促进彼此之间的学习互助和知识交流。而对于学习能力较弱的学生，则可以提供个人辅导，根据其个体差异和学习特点，有针对性地进行指导和帮助，帮助他们克服学习障碍，提高学习效果。

2. 利用多媒体技术丰富教学内容

多媒体技术在语文教学中具有丰富的应用场景，可以通过图文并茂、形象生动的方式呈现教学内容，激发学生的学习兴趣和主动性。教师可以利用多媒体教学资源，如图片、音频、视频等，为学生呈现生动有趣的教学内容，让学生在轻松愉悦的氛围中进行学习。例如，通过播放相关视频、展示精美图片或者播放配有音频的诵读材料，可以帮助学生更好地理解课文内容，提高学习效果。

3. 设计个性化的学习任务和项目

个性化教学要求教师根据学生的学习需求和兴趣，设计个性化的学习任务和项目，让学生在自主选择和参与的过程中实现个性化学习。教师可以根据学生的实际情况和学习目标，设计具有挑战性和启发性的学习任务，如课外阅读、写作作业、实践项目等，让学生根据自己的兴趣和能力选择适合自己的任务，并在完成任务的过程中得到成长和进步。

第四节　学生学习困难的识别与帮助

一、学生学习困难的原因与分类

学生学习困难的原因是多方面的，主要包括认知因素、情感因素和环境因素等。认知因素涉及学生的学习能力和方法，如阅读理解能力不足、学习记忆困难等。情感因素涉及学生的情绪状态和心理健康，如学习焦虑、自卑情结等。环境因素则与学生所处的环境条件和资源支持相关，如学习资源匮乏、家庭支持不足等。根据学生学习困难的不同表现和原因，可以将其分为以下几类。

（一）认知困难

1. 阅读理解能力差

（1）阅读经验不足

一些学生可能缺乏足够的阅读经验，特别是对于不同文学体裁和学术性文章的阅读经验不足。由于缺乏对不同文体的了解和熟悉，他们在阅读时可能无法准确把握文章的结构、风格和语言特点，从而影响了对文章内容的理解和把握。这种情况下，学生需要通过广泛阅读不同类型的文章，逐步积累阅读经验，提高对不同文体的理解能力。

（2）缺乏阅读技巧

学生可能缺乏有效的阅读技巧，无法应对不同类型的阅读任务。例如，他们可能不懂得如何快速获取文章结构、利用标点符号和段落标记来理解文章的逻辑结构，或者缺乏对阅读过程中常见问题的解决策略。在这种情况下，教师可以通过系统的阅读技巧培训和练习，帮助学生掌握有效的阅读策略，提高阅读效率和理解能力。

（3）词汇量和语言能力不足

阅读理解能力的提升离不开良好的词汇量和语言能力作为基础。一些学生可能由于词汇量不足或语言能力较弱，无法理解文中的生僻词汇和复杂句式，导致阅读理解能力下降。因此，除了进行针对性的词汇扩充训练外，还需要通过大量阅读来提高语言理解能力，培养对语言的敏感性和理解力。

2.学习记忆困难

（1）注意力不集中

学生的学习记忆困难可能源于注意力不集中。在学习过程中，一些学生可能很难将注意力集中在学习任务上，而是容易分散注意力，受到周围环境或其他因素的干扰。这会导致他们无法有效地获取学习信息，进而影响信息的记忆和储存。针对这种情况，教师可以通过提供安静的学习环境、分段学习和集中注意力的训练等方式，帮助学生提高注意力水平，从而改善学习记忆困难。

（2）记忆技巧不当

学生可能缺乏有效的记忆技巧，导致学习内容无法有效地存储和记忆。例如，他们可能不懂得如何进行信息的整理和归纳、如何运用联想记忆和图像记忆等技巧来帮助记忆。在这种情况下，教师可以通过系统的记忆技巧培训和练习，教导学生掌握各种有效的记忆技巧，并指导他们如何在实际学习中应用这些技巧，提高学习内容的记忆效果。

（3）学习方法不当

一些学生可能使用的学习方法不当，例如过于依赖死记硬背或单一的记忆方式。这种单一的记忆方式可能无法满足学习内容的多样性和复杂性，导致记忆困难。因此，教师可以引导学生探索多种学习方法，例如结合理解与记忆、采用分块记忆法、通过教学互动和实践巩固等方式，帮助他们更加高效地进行学习和记忆。

3.逻辑思维能力不足

（1）缺乏逻辑思维训练

学生在平时学习中可能缺乏系统的逻辑思维训练，未能形成良好的逻辑思维习惯和方法。这种训练不足可能导致学生在面对复杂问题时无法清晰地分析和推理，影响其解决问题的能力。因此，教师在教学中应该重视对学生逻辑思维能力的培养，通过引导学生进行逻辑推理、分析逻辑结构、发现逻辑错误等活动，帮助他们建立起良好的逻辑思维能力。

（2）对逻辑思维重要性认识不足

一些学生可能对逻辑思维的重要性认识不足，将其视作一种普通的学习工具而非基本能力。他们可能认为记忆和应试技巧更为重要，从而忽视了对逻辑思维的训练和提升。因此，教师需要通过引导和启发，让学生认识到逻辑思维在解决问题、提高学习效率和拓展思维广度上的重要性，从而激发其对逻辑思维训练的积极性。

（3）思维惯性影响

一些学生可能由于思维惯性，难以跳出自身的思维模式，导致在分析问题、解决问题时缺乏创造性和灵活性。他们可能倾向于固化的思维方式，无法灵活运用逻辑思维方法解决问题。因此，教师可以通过引导学生接触不同领域的知识和思维方式，开展多元化的思维训练活动，帮助他们打破思维定式，提高逻辑思维的灵活性和创造性。

（二）情感困难

1. 学习焦虑

学生学习焦虑常常源自对学习任务和成绩的压力感、对自身能力的不自信以及对未来的担忧等因素。这种焦虑状态会影响学生的学习效果和学习动力，甚至导致学习能力下降和学习兴趣减退。教师在帮助学生解决学习焦虑问题时，可以采取放松心理压力的方法，如放松呼吸法、深度放松训练等，同时通过鼓励和支持，帮助学生树立正确的学习态度和自信心。

2. 自卑情绪

自卑情结是学生对自己能力和价值的负面评价和认知，常表现为自我否定、自我怀疑和自我放弃等心理状态。这种情绪会影响学生的学习信心和学习动力，使其产生消极情绪和行为，从而影响学习效果。针对自卑情结，教师可以采取积极的心理干预措施，如情绪调节训练、自我肯定训练等，帮助学生建立积极的自我认知和自尊心。

3. 情绪不稳定

有些学生可能存在情绪波动较大的情况，即情绪不稳定。这可能受到生活压力、人际关系、身体健康等方面因素的影响。情绪不稳定会影响学生的学习状态和学习效果，使其难以保持稳定的学习态度和积极的学习状态。教师可以通过关怀和支持，引导学生逐渐建立情绪调节的能力，培养其应对压力的能力，从而帮助其克服情绪困扰，保持良好的学习状态。

（三）环境困难

1. 学习资源匮乏

学习资源的匮乏可能包括学校教学设施不足、图书馆藏书有限、教学材料质量不高等问题。这些限制条件会影响学生获取知识和信息的渠道，从而影响其学习效果和学习动力。例如，学校教学设施不足会限制学生进行实验和实践活动的机会，图书馆藏书有限会限制学生的阅读选择，教学材料质量不高会影响学生对知识的掌握和理解。针对学习资源匮乏的问题，教师可以通过利用互联网资源、提供个性化的学习指导和辅导等方式，帮助学生克服资源匮乏带来的学习困难。

2. 家庭支持不足

家庭环境对学生的学习影响巨大，但一些学生可能面临家庭支持不足的情况。这可能包括家庭对于学习的重视程度不高、家庭成员缺乏对学生学习的指导和鼓励、家庭经济条件不佳无法提供良好的学习环境等问题。这些因素会影响学生在家庭中得到的支持和关爱，进而影响其学习动力和学习效果。为帮助解决家庭支持不足的问题，教师可以积极与家长沟通合作，加强家校联系，共同关注学生的学习情况，提供家庭学习指导和支持。

3. 社会压力过大

社会压力对学生的学习也可能产生负面影响。一些学生可能面临来自社会竞争的巨大压力，如升学压力、就业压力等。这种压力可能会使学生产生焦虑、恐惧等消极情绪，影响其学习状态和学习效果。同时，社会的不公平现象和价值观的扭曲也可能使一些学生产生迷茫和消极情绪，影响其学习动力和学习目标的确定。为帮助学生应对社会压力，教师可以通过心理辅导、生活技能培训等方式，帮助学生增强应对压力的能力，建立积极的心态和健康的生活方式。

二、教师在学生学习困难帮助中的方法与技巧

（一）及时识别学生的学习困难

1. 定期评估和观察

（1）课堂表现的评估

在语文课堂中，学生的积极参与和深度思考对于提高学习效果至关重要。因此，教师可以通过以下几个方面来评估学生的课堂表现。

①参与程度：观察学生是否能够积极主动地参与课堂讨论，是否愿意分享自己的观点和看法，以及是否能够与同学进行有效地交流和互动。

②回答问题的准确性和深度：评估学生在课堂上对问题的回答是否准确，并且是否能够展开深入地思考和讨论。这可以通过提出开放性问题或者让学生进行小组讨论来实现。

③知识理解和运用能力：观察学生是否能够理解和运用所学知识，例如在阅读理解、写作或者语言运用等方面的表现。

通过对学生课堂表现的评估，教师可以了解到每个学生的学习状态，及时发现存在的问题并针对性地进行调整和指导。同时，积极的课堂氛围也会激发学生的学习兴趣，促进他们的学习动力和能力的提升。

（2）作业完成情况的评估

作业是巩固课堂内容、拓展学生思维、提高学习效果的重要手段。因此，教师可以通过以下方式评估学生的作业完成情况。

①及时性和完整性：检查学生是否按时完成作业，并且作业是否完成得完整。

②准确性和深度：评估学生在作业中对知识点的掌握程度，以及是否能够运用所学知识进行思考和解决问题。

③反馈和指导：及时对学生的作业进行批改，并给予针对性地建议和指导，帮助学生及时纠正错误、巩固所学知识。

通过对学生作业完成情况的评估，教师可以了解学生对课堂内容的掌握情况，并针对性地进行辅导和指导，帮助学生提高学习效果。

（3）考试成绩的评估

考试成绩是直观反映学生学习水平和掌握程度的重要依据。因此，教师可以通过以下方式评估学生的考试成绩。

①成绩分析：分析学生的考试成绩，了解学生在不同知识点或能力方面的表现情况，找出学生可能存在的薄弱环节和需要重点关注的地方。

②错误分析：针对学生在考试中出现的错误或不足之处进行深入分析，找出错误的原因并提出改进的建议。

③个性化辅导：根据学生的实际情况和需要，为学生提供个性化的辅导和指导，帮助他们更好地提高学习成绩。

2.交流沟通

（1）个别谈话

个别谈话是了解学生学习情况、解决学习困难的重要方式之一。以下是一些有效的个别谈话方法。

①定期安排谈话时间：教师可以定期安排一对一的谈话时间，与学生进行面对面地交流，了解他们的学习状态和困难情况。

②倾听与关怀：在谈话过程中，教师应倾听学生的心声，关心他们的成长和困扰，给予他们充分的理解和支持。

③针对性指导：根据学生的实际情况和困难类型，教师可以给予个性化的学习建议和指导，帮助他们克服困难，提高学习效果。

（2）课堂反馈

课堂反馈是教师了解学生学习情况、及时解答疑问的重要途径。以下是一些有效的课堂反馈方式。

①鼓励提问：在课堂上，教师可以鼓励学生提出问题和疑惑，创设良好的提问氛围，促进学生与教师的互动交流。

②即时解答：对学生提出的问题，教师应及时给予解答和指导，帮助他们消除困惑，确保学习进程顺利进行。

③堂反馈活动：设计课堂反馈活动，例如小组讨论、问题解答环节等，促进学生之间的合作交流，同时也为教师了解学生学习情况提供便利。

（3）在线交流

利用现代科技手段进行在线交流是教师与学生沟通的另一种方式，以下是一些有效的在线交流方式。

①电子邮件：学生可以通过电子邮件向教师提出问题、反映困难，教师可以及时回复解答，为学生提供帮助和指导。

②在线留言板：教师可以建立在线留言板平台，学生可以在平台上发布问题、交流心得，教师可以及时回复和指导。

③即时通信工具：利用即时通信工具如 QQ、微信等，学生和教师可以进行实时交流，及时解决学习中的问题，促进学习效果的提高。

3. 个性化检测

个性化检测是一种针对学生个体差异的评估方法，旨在了解学生的学习情况和困难类型，为其提供个性化的帮助和支持。通过设计具体的评估工具或测试，可以更准确地识别学生的学习困难，有针对性地调整教学策略和方案，促进其学习进步和发展。

（1）阶段性测试

阶段性测试是一种常见的评估方法，旨在检验学生对于已学知识的掌握情况，以及发现可能存在的学习困难。通过设置具体的测试内容和题型，可以全面地评估学生的学习水平和能力。例如，针对不同阶段的学习内容，可以设计选择题、填空题、解答题等不同类型的题目，覆盖知识的各个方面。通过分析学生的测试结果，可以及时发现学习困难，为其提供有针对性地辅导和指导。

（2）诊断性评估

诊断性评估是一种针对性的评估方法，旨在了解学生的学习特点和困难类型，为其提供个性化的帮助和支持。通过设计具体的评估任务和测试项目，可以深入地了解学生的学习过程和问题所在。例如，针对学生的阅读理解能力、数学推理能力、写作表达能力等方面，可以设计相应的诊断性评估任务，通过观察学生的表现和分析评估结果，发现学生的学习困难，并提出针对性的解决方案。

（3）学习反馈问卷

学习反馈问卷（附录一）是一种收集学生意见和反馈的有效方式，可以了解学生在学习中遇到的问题和困难，为教师提供及时的反馈信息。通过设计合理的问卷内容和问题，可以全面地了解学生的学习需求和反馈意见。例如，问卷可以包括学生对课堂教学内容的理解程度、学习方法的使用情况、对教学活动的评价等方面的问题。通过分析学生的问卷反馈，教师可以了解学生的学习情况和困难所在，为其提供个性化的帮助和支持。

（二）个性化的学习任务和项目设计

1. 差异化教学

差异化教学是一种根据学生的不同学习需求和能力水平，设计个性化教学内容和活动的教学方法。在实施差异化教学时，教师需要关注学生的个体差异，并灵活运用各种教学策略和资源，以满足每个学生的学习需求和发展水平。

（1）个性化诊断

个性化诊断是差异化教学的第一步，教师需要通过多种方式对学生的学习情况进行准确地评估和诊断。这包括定期的课堂观察、作业评估、小组讨论、诊断性测验等。通过这些评估工具，教师可以了解每个学生的学习风格、能力水平、兴趣爱好以及可能存在的学习困难类型和程度。

在进行个性化诊断时，教师需要综合考虑学生的各种因素，包括认知能力、情感状态、学习背景等，以确保诊断的全面性和准确性。针对不同类型的学习困难，教师可以采用不同的评估工具和方法，例如针对认知困难可以进行阅读理解测试，针对情感困难可以进行情绪问卷调查等。

（2）灵活组织

差异化教学要求教师能够灵活组织教学内容和活动，以满足不同学生的学习需求和发展水平。在设计课堂活动和任务时，教师应根据个性化诊断的结果，调整教学方法和资源，确保每个学生都能够参与到学习过程中来。

灵活组织教学还包括根据学生的学习进度和兴趣设计不同层次和难度的学习任务和项目。例如，对于学习能力较强的学生，可以设计一些拓展性的学习任务，以提高他们的学习兴趣和挑战性；而对于学习困难较大的学生，则可以提供更多的支持和指导，让他们逐步提升自己的学习能力。

（3）个性化反馈

个性化反馈是差异化教学的重要环节，教师需要根据个性化诊断的结果，及时提供个性化的反馈和指导，帮助学生克服学习困难，提高学习效果。个性化反馈应该具有针对性和建设性，能够帮助学生了解自己的学习情况，并提供具体的改进建议。

个性化反馈可以通过多种方式进行，包括口头反馈、书面反馈、个别辅导等。在提供反馈的过程中，教师应当注重与学生的沟通和互动，鼓励他们对反馈意见进行思考和反思，从而更好地促进其学习发展。

2. 任务导向学习

任务导向学习注重学生在具体任务中的学习过程和成果，通过设计具体、可操作的学习任务，引导学生积极参与学习，提高学习的有效性和动机。在应对学生学习困难时，任务导向学习的策略包括：

（1）明确目标

为了帮助学生克服学习困难，教师应该设定明确的学习目标和任务。这些目标应该清晰具体，让学生清楚知道自己需要完成什么任务和达成什么目标。通过明确的目标，学生可以更好地理解学习任务的重要性和意义，从而增强他们的学习动机和目标导向性。

在任务导向学习中，目标可以分为长期目标和短期目标。长期目标可以是课程中的学习目标或者学科知识和技能的掌握目标，而短期目标则是针对特定学习任务的目标，例如完成一篇论文、解决一个问题等。

（2）提供支持

在任务导向学习中，教师应该为学生提供必要的学习资源和指导，帮助他们完成学习任务，并在需要时提供必要的支持和帮助。这包括提供学习材料、参考资料、技术支持等方面的支持，以确保学生能够顺利完成任务。除了教师的支持外，同学之间的合作和支持也是任务导向学习中的重要组成部分。通过小组合作、同伴评价等方式，学生可以相互支持和帮助，共同完成学习任务，从而提高学习效果。

（3）激发动机

任务导向学习强调设计有趣、具有挑战性的学习任务，以激发学生的学习兴趣和动机，增强其学习的积极性和主动性。在面对学生学习困难时，教师可以设计一些创新性的任务，例如探究式学习、项目学习等，让学生通过实践和探索来解决问题，从而增强他们的学习动机和学习兴趣。此外，教师还可以根据学生的兴趣爱好和特长，设计个性化的学习任务，让学生在学习中体验到成功的喜悦和成就感，从而激发其学习动力。

3. 启发式问题

启发式问题是一种设计精心的问题，旨在激发学生的思维，培养其分析和解决问题的能力。在应对学生学习困难时，设计启发式问题可以帮助学生。

（1）启发思考

合理设计的启发式问题能够引导学生深入思考、探索问题的本质和内在联系，从而培养他们的独立思考和批判性思维。例如，针对文学作品中的主题或意义，可以提出开放性的问题，如"作者通过何种文学手法表达了主题？"，这样的问题可以引导学生深入阅读和理解作品，培养其对文学作品的敏感性和审美情趣。

（2）促进合作

启发式问题的设计可以鼓励学生之间展开合作探讨，通过相互交流和讨论，共同探索问题的解决方案。在语文教学中，可以设计一些涉及文学作品分析、文本解读等方面的启发式问题，让学生在小组内进行合作研究，互相启发，促进彼此之间的学习和进步。

（3）培养批判性思维

启发式问题往往涉及对信息和观点的评价和批判，能够培养学生的批判性思维和判断能力。通过设计具有争议性和深度的问题，可以引导学生对不同观点进行思考和评价，培养其客观分析和独立判断能力。例如，针对历史事件或社会现象，可以提出"你认为这一事件对当时社会的影响有哪些？"，这样的问题可以引导学生从多个角度去思考问题，培养其批判性思维能力。

（三）个性化的辅导和指导方式

1. 针对性讲解

首先，针对性讲解需要教师对学生的学习特点和困难类型有深入的了解。这就要求教师在日常教学中密切观察学生的学习表现，及时发现他们的学习困难，并对其进行分类和分析。例如，在阅读理解能力差的学生中，有些可能是因为对词汇理解不深、句子结构复杂而感到困难，而另一些可能是因为缺乏阅读策略和技巧导致理解困难。其次，教师在进行针对性讲解时应采用简单明了的语言和生动具体的例子。简单明了的语言可以降低学生的认知负荷，使他们更容易理解所学内容。生动具体的例子可以帮助学生将抽象的概念和理论与实际生活联系起来，增强他们的学习兴趣和理解深度。例如，教师可以通过故事、图表、实物等方式，向学生展示文本中的关键信息和重要内容，以帮助他们更好地理解文章的意思和主旨。最后，针对性讲解还需要注重示范和实践。除了口头解释和讲解外，教师还可以通过示范的方式向学生展示解决问题的方法和技巧。例如，在阅读理解方面，教师可以通过解读范文、分析解题思路等方式，向学生展示如何正确理解和分析文本，提高阅读理解能力。

2. 情感支持

首先，情感支持包括倾听学生的倾诉。教师应该给予学生足够的时间和空间，倾听他们的内心声音，理解他们的情感需求。这种倾听不仅仅是为了解决问题，更是为了让学生感受到被关心和被理解的温暖。通过倾听，教师可以更好地了解学生的内心世界，为他们提供更加有针对性地支持和帮助。其次，情感支持也包括理解和接纳学生的情感需求。每个学生都是独特的，他们的情感体验和情感需求也各不相同。教师应该尊重学生的情感体验，不对其进行评判和否定，而是理解和接纳他们的情感需求。例如，对于一个因学习焦虑而情绪低落的学生，教师可以给予他们更多的理解和支持，帮助他们调整心态，重新建立信心。最后，情感支持还包括给予鼓励和肯定。在学习过程中，学生常常会遇到挫折和困难，这时教师的鼓励和肯定就显得尤为重要。教师应该及时给予学生积极的反馈和肯定，鼓励他们继续努力，相信自己的能力。通过鼓励和肯定，学生可以感受到自己的价值和成就感，从而更有动力地面对学习困难和挑战。

3. 合作学习

首先，合作学习可以促进学生之间的交流和合作。在合作学习中，学生被组织成小组或团队，共同完成学习任务或解决问题。通过小组讨论、合作探究，学生可以相互交流和分享自己的观点、想法和经验，从而促进彼此之间的交流和合作，丰富了解和认识。其次，合作学习可以激发学生的学习兴趣和主动性。在合作学习中，学生可以通过与同伴合作探究、共同解决问题，体验到学习的乐趣和成就感。他们会更加积极主动地参与到学习活动中去，愿意主动探索和学习新知识，提高了学习效果和学习动机。再次，合作学习可以培养学生的团队合作精神和自主学习能力。在合作学习中，学生需要相互协作、相互配合，共同完成任务或解决问题。通过合作学习，学生可以培养团队合作意识，学会倾听和尊重他人的意见，提高团队协作能力。同时，合作学习也促进了学生的自主学习能力，他们需要在合作中主动思考、独立解决问题，培养了自主学习的能力和素养。最后，合作学习可以促进学生的综合能力和社会情感发展。在合作学习中，学生不仅仅是学习知识，更是培养了解决问题的能力、沟通交流的能力、团队合作的能力等综合素养。同时，合作学习也促进了学生的社会情感发展，他们在合作中学会尊重、合作、分享，培养了良好的人际关系和社会责任感。

第六章　高中语文课堂教学设计与实施

第一节　语文课堂教学设计的原则与要素

一、教学设计的基本原则

（一）目标导向性原则

（二）主题教育原则

（三）开放性教学原则

二、语文课堂教学设计的基本要素

（一）研究教材，把握学情

1. 反复阅读教材

在反复阅读教材的过程中，教师需要关注多个方面，以确保对课文内容的全面把握和深入理解。首先，教师需要着重关注课文的主要内容。这包括故事情节、人物性格、主题思想等方面。通过仔细阅读和思考，教师可以逐步理清课文的故事情节，把握人物形象的塑造，理解作者想要表达的主题思想。这些都是教学中需要重点强调和传达的内容，因此对主要内容的深入理解至关重要。其次，教师应该分析课文的篇章结构。这包括起承转合、情节发展、高潮部分等方面。通过分析篇章结构，教师可以更清晰地把握课文的逻辑顺序和发展脉络，进一步理解故事的内在逻辑和结构特点。这有助于教师在教学中更好地组织故事的讲解和解读，使学生能够更好地理解和把握课文内容。最后，教师需要感受和理解课文所表达的思想和情感。这包括作者的观点、情感态度，以及作品所蕴含的人生哲理等方面。通过感受思想感情，教师可以更深入地理解课文背后的意义和内涵，进一步挖掘课文的深层含义。这有助于教师在教学中更生动地诠释课文，引导学生更深入地思考和理解课文内容。

2. 理解教材提示和练习题

理解教材中的提示和练习题对于教师设计和实施语文教学具有重要意义。这些提示和练习题通常是教材编写者精心设计的，旨在引导学生深入学习、巩固知识、提高能力。因此，教师在研究教材时，需要认真理解其中的含义和用意，以便更好地指导学生学习和提高教学质量。首先，教师应该分析教材中的提示和练习题背后的编写意图。通过认真阅读和理解这些提示和题目，教师可以了解编写者所希望学生从中获得的知识和能力。这有助于教师更好地把握教材的主要思想和教学重点，为后续的教学设计提供指导和依据。其次，教师可以将教材中的提示和练习题作为教学设计的参考依据。这些提示和练习题通常反映了教材编写者对于教学内容的理解和组织，可以为教师提供启示和思路。教师可以根据这些提示，设计相应的教学活动，如讨论、分析、解读等，帮助学生更深入地理解课文，提高语文素养。通过理解教材中的提示和练习题，教师可以更有针对性地进行教学设计，提高教学效果。同时，这也有助于教师更好地发挥教材的教育功能，引导学生积极参与学习，提升他们的语文水平和综合能力。

3. 阅读教学参考资料

在语文教学中，除了直接阅读教材，教师还应该积极参考相关的教学资料，以提升教学质量和效果。这些教学参考资料包括教材分析、教学指导、教学方法等，通过阅读这些资料，教师可以更全面地把握教材内容，为教学活动的设计和实施提供有力支持。

（1）把握教学重点和难点

教学参考资料中通常会对教材中的重点和难点进行深入分析和解读。这些重点和难点可能涉及课文的理解、文学知识的掌握、语言表达的运用等方面。通过阅读教学参考资料，教师可以更清晰地把握教学重点，有针对性地进行教学设计。同时，对于学生容易出现困惑或理解困难的地方，教师也可以根据教学参考资料提供的解读和分析，有针对性地进行解释和引导，帮助学生更好地理解和掌握知识。

（2）借鉴教学方法和策略

教学参考资料中通常会介绍一些有效的教学方法和策略，这些方法和策略经过实践验证，具有一定的可操作性和指导意义。教师可以借鉴这些方法和策略，结合自己的教学实践，设计丰富多样的教学活动，提高教学效果。例如，教学参考资料可能介绍了一些启发式问题的设计方法、情景模拟的教学策略等，教师可以根据具体的教学内容和学生特点，灵活运用这些方法和策略，激发学生的学习兴趣，促进他们的思维发展和能力提升。

（二）确定核心问题，设计相关问题

核心问题的确定是语文课堂教学设计的重要环节。教师需要明确本节课的核心问题，设计相关问题，以引导学生深入思考，探究课文的主旨。这一步骤包括以下几个方面。

1. 理解课文主旨

理解课文的主旨是教学设计中的首要任务，因为它直接影响到教学的深度和广度。教师需要通过深入地阅读和分析，把握课文所要传达的核心思想和主题，从而确定本节课的核心问题。

2. 设计相关问题

设计与课文主旨相关的问题是教学设计中的重要环节，这些问题能够引导学生深入思考和探究，帮助他们更好地理解和把握课文的含义。下面是设计相关问题的几个步骤：

（1）分析课文内容

教师在设计相关问题之前，首先需要对课文的内容进行全面分析。这包括对课文中的情节、人物、环境等方面进行深入的描述和理解。只有充分了解课文的内容，教师才能更准确地确定相关问题，引导学生深入探究课文。

（2）抽取核心问题

基于对课文的主旨和核心思想的理解，教师可以抽取出一个或多个与之相关的核心问题。这些核心问题应该能够引导学生思考课文的深层含义，挖掘其中蕴含的价值和意义。核心问题的抽取需要结合课文的具体内容和教学目标，确保问题的准确性和有效性。

（3）设计探究性问题

在确定了核心问题之后，教师可以设计一系列探究性问题，以帮助学生更深入地探讨课文内容。这些问题应该能够引导学生进行深度思考和分析，拓展他们的思维空间，激发他们的学习兴趣。同时，探究性问题还可以培养学生的批判性思维和解决问题的能力，提升他们的语文素养和综合素质。

（三）划分教学板块，组织学生学习活动

语文课堂教学设计需要合理划分教学板块，以组织学生的学习活动，确保教学过程有条不紊地进行。具体步骤包括：

1. 确定教学板块

在语文课堂教学中，确定教学板块是设计课堂教学流程的关键步骤之一。通过合理划分教学板块，教师可以有序地组织教学活动，确保教学过程的连贯性和高效性。下面将详细探讨教学板块的确定过程，并结合具体案例进行阐述。

（1）引入板块

引入板块是课堂教学的开端，其目的在于吸引学生的注意力，激发学习兴趣，引导学生进入学习状态。在引入板块中，教师可以运用多种教学策略，如提出引人入胜的问题、展示生动的故事或图片、引用名人名言等，从而引起学生的好奇心和思考欲望。例如，在教授《红楼梦》的课堂中，教师可以通过展示精彩的书摘或演绎某一段情节来引起学生对小说情节的关注，进而激发他们对小说人物命运的思考。

（2）学习板块

学习板块是课堂教学的核心内容，主要用于传授和讲解教学内容。在学习板块中，教师应根据教学目标和学生的实际情况，设计具体的教学活动，如讲解、示范、演示、实践操作等，以帮助学生理解和掌握知识。在学习板块中，教师应尽量采用多种教学方法，灵活运用多媒体技术，提高教学效果。

（3）拓展板块

拓展板块是课堂教学的延伸部分，其目的在于拓展学生的思维，加深对知识的理解，提高综合能力。在拓展板块中，教师可以组织学生进行小组讨论、实践操作、文本分析等活动，引导他们运用所学知识解决实际问题，培养批判性思维和创新能力。以《红楼梦》教学为例，拓展板块可以组织学生分组阅读和解析小说中的典故、人物形象，或者设计小组演讲、写作等任务，拓展学生对小说文本的理解和应用能力。

（4）总结板块

总结板块是课堂教学的收尾环节，其目的在于回顾和总结本节课的重点内容，巩固学生的学习成果，确保教学目标的达成。在总结板块中，教师可以对学生的学习情况进行简要评价，提出问题或展开讨论，引导学生对所学内容进行归纳总结，进一步加深对知识的理解。

2. 安排教学活动

为了有效促进学生的主动参与和深度学习，设计一个完整的教学活动需要考虑诸多因素，从导入新课到实践操作，再到文本分析，每个板块都有其独特的功能和重要性。

首先，在导入新课的环节，教师可以采用引人入胜的故事、问题引导或者展示相关视频等多种方式，引起学生的兴趣和好奇心，激发其学习的动机和欲望。在这个阶段，教师应该注意不仅仅是向学生传递知识，更要启发他们思考，让他们在猜想和思考中建立起对新知识的认识框架。

其次，分组讨论是一个非常有效的学习方式。通过小组讨论，学生有机会与同伴进行互动，交流彼此的理解和见解，从而加深对知识的理解和记忆。在讨论过程中，教师可以适时提出问题，引导学生深入思考，并及时给予指导和反馈，确保讨论的深度和广度。

再次，实践操作是巩固知识的重要手段之一。通过实践操作，学生可以将抽象的理论知识转化为具体的实践经验，加深对知识的理解和记忆，并培养解决问题的能力和实践能力。在进行实践操作时，教师应该注重引导学生动手实践，注意操作的规范性和安全性，并及时纠正学生的错误，帮助他们克服困难，提高实践操作的效果和质量。

最后，文本分析是一个提高学生思维能力和分析能力的重要环节。通过对文本的分析，学生可以深入理解文本所表达的意义和内涵，培养批判性思维和逻辑思维能力。在文本分析的过程中，教师可以引导学生从多个角度去解读文本，启发他们思考文本背后的深层含义，并引导他们运用相关知识和方法进行文本分析，从而提高他们的分析能力和思维能力。

3. 指导学生学习

指导学生学习是教师教学过程中的核心任务之一。在各个板块内进行学习活动时，教师应该充分发挥自己的引导作用，帮助学生掌握知识、提高能力，并在适当时机提出问题，引发学生的思考。首先，教师可以在导入新课的环节引发学生的好奇心和求知欲，通过提出开放性问题或者展示引人入胜的故事等方式，引导学生主动探索并建立起对新知识的兴趣和认识框架。在分组讨论阶段，教师应该引导学生围绕特定话题展开讨论，并及时给予指导和反馈，帮助学生深入思考，充分发挥集体智慧，从而提高讨论的质量和效果。在实践操作环节，教师应该引导学生动手实践，注意操作的规范性和安全性，并在学生遇到困难时及时给予指导和支持，帮助他们克服困难，提高实践操作的效果和质量。其次，在文本分析的过程中，教师应该引导学生从多个角度去解读文本，启发他们思考文本背后的深层含义，并引导他们独立思考、批判性思考，从而提高他们的分析能力和思维能力。综上所述，通过指导学生在各个板块内进行学习活动，教师可以有效地促进学生的主动参与和深度学习，提高教学效果和学习效果，达到教学目标。

4.总结归纳

在教学的最后，对本节课的内容进行总结归纳是确保教学目标达成的关键环节。通过总结归纳，可以帮助学生将本节课所学的知识点有机地串联起来，加深对知识的理解和记忆，巩固学习成果，同时也可以帮助教师及时发现学生存在的理解问题，加以纠正和弥补。首先，教师可以回顾本节课的主要内容和重点知识点，强调核心概念和重要原理，帮助学生建立起对知识的整体框架。其次，教师可以总结本节课的学习方法和技巧，指导学生如何高效地学习和掌握知识，培养他们的学习能力和自主学习能力。再次，教师可以提出一些综合性的问题，让学生运用所学知识进行思考和解答，检验他们对知识的掌握程度和应用能力。最后，教师可以对学生的学习情况进行总结评价，肯定他们的学习成绩，鼓励他们继续努力，并指出存在的问题和不足之处，提出改进和提高的建议。通过这样的总结归纳，可以有效地巩固学生的学习成果，提高教学效果，确保教学目标的顺利达成。

第二节　语文课堂教学设计的类型与实例

一、任务型教学设计的实施步骤与案例

任务型教学设计是一种以任务为中心的教学方法，注重学生的实践操作和解决问题的能力培养。

（一）任务情境的创设

1.写作任务的功能性和设计策略

写作任务的设计在教学中扮演着重要的角色，它既有学习取向，又有交际取向，这意味着写作任务既需要在特定情境下帮助学生学习写作知识和技能，又需

要在特定的功能情境下促进学生的交际能力和语言运用能力。因此，写作任务的设计常常遵循三大策略：有意思、有知识、有意义。

（1）写作任务要"有意思"

一个有趣的写作任务能够吸引学生的注意力，激发他们的学习兴趣和写作动机，使他们更加愿意投入到写作活动中去。例如，2015 年全国高考课标卷的作文题就以一个不寻常的社会现象为题材，即父亲高速开车打电话，女儿报警，这种情节在现实生活中并不常见，容易引起学生的思考和讨论，从而增加了写作任务的趣味性和吸引力。

（2）写作任务要"有知识"

一个好的写作任务需要学生具备一定的知识储备才能完成，这包括生活常识、文体知识、写作技巧等等。例如，上述作文题要求学生写一封 800 字的信，学生不仅需要了解书信的写作格式和语言特点，还需要运用劝说文的写作技巧和选择适当的语气口吻，这就需要他们在平时的学习中积累相应的知识和技能。

（3）写作任务要"有意义"

一个有意义的写作任务能够引导学生思考社会价值观和人文情感，使他们的写作不仅仅是为了完成任务，更是为了表达自己的观点和情感，为社会传递正能量。例如，上述作文题涉及了父女关系和交通安全等社会议题，学生在写作过程中可以反思亲情、责任感和公德心等价值观念，从而达到引领学生的价值观的目的。

2. 任务情境的创设与学习效果

写作任务的情境创设对学习效果有着重要的影响。一个具有特定情境的写作任务能够增加学生的情感投入和认知负荷，使他们更加专注和主动地参与到写作活动中去。例如，2015 年全国高考课标卷的作文题以一个社会新闻事件为背景，这种真实生活的情境创设不仅让学生感受到写作的真实性和现实性，还能够激发他们的情感共鸣和思维启发，从而增加了写作任务的学习效果和感染力。

此外，任务情境的创设还可以促进学生的交际能力和语言运用能力。一个具有交际取向的写作任务能够让学生在特定的功能情境下运用语言进行交流和表达，培养他们的语言组织能力和表达能力。例如，2015 年全国高考课标卷的作文题要求学生写一封信给违章当事人、女儿或警察，这就要求学生根据不同的对象选择合适的语气和措辞，从而锻炼了他们的语言灵活性和交际技巧。

3. 写作任务与学生的价值引领

写作任务的设计还需要考虑到学生的价值观引领。一个有价值引领的写作任务能够引导学生思考和反思社会价值观念，并通过写作活动来表达自己的观点和态度，从而培养他们的社会责任感和公民意识。例如，2015 年全国高考课标卷的作文题涉及了父女关系和交通安全等社会议题，学生在写作过程中可以表达对父母的关爱和对交通安全的关注，从而引导他们树立正确的价值观念和行为准则。

（二）教学内容的选择

写作教学内容的选择主要有两个依据，一个是任务情境依据，二是学情特征。

1. 任务情境分析的目的是开发写作知识

在任务型写作中，语文教师的任务不仅仅是选择或创设写作任务情境，更需要对写作任务进行全面的分析。这种分析包括对写作任务涉及的话题、目的、角色、读者、问题等要素进行深入剖析，以确定文章的观点、材料、文体和语言等方面。换言之，任务分析的目的在于为选择核心写作做准备，确保学生能够有效地完成写作任务。

为了完成写作任务，学生需要掌握各种写作知识，而这些知识往往不是现成的，需要语文教师去开发和引导。那么，如何进行写作知识的开发呢？我们认为有三条主要路径：一是来自高水平写作者的经验分享，二是来自优秀的例文，三是参照好的写作教学案例。

首先，高水平写作者的经验分享是一种宝贵的资源。语文教师可以邀请专业写作者或者具有丰富写作经验的人士来校内进行经验分享和写作指导，让学生从专家的经验中受益，学习到写作的技巧和方法。

其次，优秀的例文也是学生学习写作的重要素材。语文教师可以收集各种类型的优秀作文，并结合教学内容进行分析和解读，帮助学生理解优秀作文的特点和写作技巧，从而提升他们的写作水平。

最后，参照好的写作教学案例也是一种有效的方法。语文教师可以借鉴已有的优秀教学案例，结合自身教学实践进行改编和创新，设计出符合学生需求和教学目标的写作教学方案，以提高学生的写作能力和素质。

2. 分析学情，选择写作知识

学情分析通常采用学情预估、访谈和写作样本分析等形式，以全面了解学生的写作水平、经验和需求，从而选择合适的写作知识和教学策略。首先，学情预估是一种重要的分析方式。通过对学生面对写作任务时的各种情况进行预估，教师可以做出初步的判断和规划。这包括对学生对写作任务的理解水平、生活储备和信息多寡、所需写作知识的掌握情况、情感态度、参与意愿和焦虑情况等方面进行评估，以便更好地调整教学内容和方法，提高教学效果。其次，访谈是一种直接了解学生学情的方法。教师可以从所教班级中抽取样本，对学生进行访谈，了解他们的写作经验、喜好、困惑和需求等方面的情况。通过访谈，教师可以更加深入地了解学生的实际情况，为后续的教学设计提供更具体的参考。最后，写作样本分析是一种客观评估学生写作水平的方法。教师可以收集学生的写作样本，分析其中存在的问题和完成任务所需知识之间的差距，从而选择合适的写作知识进行教学。通过分析学生的写作样本，教师可以了解学生的写作水平和需求，有针对性地进行教学设计，提高教学的针对性和有效性。

（三）教学流程的展开

海耶斯和弗劳尔提出的写作过程模型将写作过程分为写作环境、写作者的长时记忆和写作过程三个部分，并将写作过程划分为计划、转换和回顾三个阶段。而美国写作教材《作者的选择》则将写作过程细分为预写、起草、修改、校订和发表五个阶段，比海耶斯和弗劳尔的模型增加了校订和发表两个环节。我们认为，真实的写作过程应该包括五个流程，即预写、起草、修改、校订和发表，这五个流程相辅相成，贯穿整个写作教学的过程。

1. 预写阶段

这一阶段相当于写作的计划阶段。在这个阶段，写作者通过头脑风暴、构思大纲等方式，产生写作的内容，组织好写作的结构，并明确写作的目标和主题。预写的目的在于让学生在开始写作之前能够有清晰的思路和方向，从而更加有针对性地进行后续的写作活动。

2. 起草阶段

这一阶段对应写作过程中的转换阶段。在起草阶段，学生将预写阶段产生的想法和结构转化为文字，进行具体的写作活动。在这个阶段，学生需要注重语言的表达和组织结构的合理性，确保文章的逻辑性和连贯性，使其更加具有说服力和吸引力。

3. 修改阶段

第三个阶段是修改阶段，这一阶段对应写作过程中的回顾阶段中的修改子过程。在这个阶段，学生需要对自己的文章进行全面的审查和评价，发现并修正文章中存在的问题和不足之处，提高文章的质量和效果。这包括对内容的重新审视、结构的调整和语言的修饰等方面的工作。

4. 校订阶段

这一阶段是写作过程中的一个重要环节。在这个阶段，学生需要对文章进行细致的校对和润色，确保语言的准确性、规范性和流畅性，使文章达到更高的书面表达水平。校订阶段的目的在于提高文章的整体质量和专业水平，使其更加符合写作要求和读者的期待。

5. 发表阶段

这一阶段是写作过程中的最终目标和归宿。在这个阶段，学生将自己的作品向外界展示和传播，分享自己的想法和观点，获得他人的认可和反馈。发表阶段的意义在于鼓励学生勇于表达和分享，培养他们的自信心和自我价值感，从而进一步提高他们的写作能力和素养。

（四）学习支架的搭设

在现实中，学生往往受制于生活经验的不足、视域的狭窄以及旧有知识的短板，因此需要教师通过有效的学习支架来提供有针对性的帮助和支持。

第一，学习支架应贯穿整个写作过程。在任务型写作教学中，学生完成一篇作文涉及预写、起草、修改、校订和发表等多个阶段，而每个阶段都需要相应的学习支架来引导和帮助学生。比如，在预写阶段，学生可能需要头脑风暴、思维导图等方法来产生写作的内容和构思文章结构；在起草阶段，学生可能需要范例文章或者写作模板来指导写作；在修改和校订阶段，学生可能需要教师提供的评价标准和修改建议来帮助他们改进文章质量。因此，学习支架应当贯穿整个写作过程，为学生提供全方位的帮助和支持。

第二，语文教师在任务型写作教学过程中应运用多种支架来帮助学生完成写作任务。这包括但不限于范例文章、写作模板、评价标准、修改建议、写作技巧、思维导图等。在教学中，教师可以根据学生的实际情况和需求，有针对性地选择和运用适当的支架，帮助学生克服困难、解决问题、提高写作能力。例如，教师可以通过展示优秀的范例文章来激发学生的写作兴趣和创作灵感；通过提供写作模板和评价标准来指导学生进行写作和自我评价；通过给予具体的修改建议来帮助学生改进文章质量等。通过多种支架的有机结合和灵活运用，可以有效地提升学生的写作水平和素养，实现教学目标的有效达成。

（五）评价交流分享

海耶斯和弗劳尔的观点强调了在写作教学中元认知的重要性，尤其是在写作经验的反思、交流和分享过程中。他们认为，通过多次组织学生进行交流分享，包括创意、选材、组材、初稿、修改稿等环节，可以促进学生之间的互相评价、借鉴和学习，从而巩固所学知识，提升写作能力。

第一，在写作教学的整个流程中，组织学生进行交流分享是至关重要的。通过分享自己的写作成果，学生可以展示自己的创意和思考，同时也可以借此机会学习他人的经验和见解。这种交流分享的过程不仅可以丰富学生的写作经验，还可以促进他们之间的互相理解和合作，激发写作的兴趣和动力。

第二，在交流分享的过程中，学生之间可以进行互相评价和反馈。通过听取他人的意见和建议，学生可以发现自己写作中的不足之处，并加以改进和提高。这种及时的反馈和指导有助于学生更好地理解和应用所学的写作知识，从而不断完善自己的写作技能。

第三，在交流分享的过程中，学生可以通过监控、反思和内化来巩固所学知识。通过观察和倾听他人的写作经验和观点，学生可以更深入地理解和领会写作知识的内涵和要义，从而更好地应用于实际写作中。这种内化过程是学生写作能力提升的关键，也是元认知能力得以培养和发展的重要途径。

二、情景模拟教学设计的特点与应用

（一）情境创设不仅要真实新颖更要有学科意识

在《普通高中语文课程标准（2017年版，2020年修订）》中明确提到了语文教学中的"真实情境"重要性，指出这种情境是培养学生语文素养的关键载体。[1]这就意味着，教师在课堂教学中需要创造出既真实又有意义的情境，以突显语文学科的特质。此外，为了保证学生在课堂学习中的高效性和优质性，各种情境学习活动必须相互衔接，逐层深入。以《阿房宫赋》为例，我们可以对此情境进行实例分析与探索。

这一语文标准明确指出了语文教学中"真实情境"的重要性。这种情境不仅仅是学生语文学科素养培养和展现的载体，而且还要求教师能够创造出既真实又有意义的情境。因此，在课堂上，教师必须创设出能够突显语文学科特点的情境。

1　中华人民共和国教育部.普通高中语文课程标准（2017年版，2020年修订）[S].北京：人民教育出版社，2018：48.

此外，为了确保学生在课堂学习中能够高效地完成任务，各种情境学习活动还必须相互衔接，层层深入。以《阿房宫赋》为例，我们可以进行实例分析与探索。

1. 真实有趣的情境框架

"好的情境要能切入学生的生活，让学生有感"，[1]与学习内容高度适配的场景，能够自然地激发学生学习的兴趣并引导他们进行自主探究。教师在创设情境框架时，需要考虑到学生的认知水平和生活社会背景对知识理解的影响。因此，不仅要确保情境与学习内容高度契合，还需能够引发学生的兴趣，并引导他们进行自主探究。以《阿房宫赋》为例，情境框架模拟了一个旅游策划活动，以期让学生从策划者的角度去探究课文背后的文学特点。

具体而言，某市旅游局计划推出"听听历史的声音——跟着书本去旅行"旅游策划活动，并向社会征集方案。某中学的一位学生对阿房宫这一历史遗迹表现出浓厚兴趣，于是向同学们寻求帮助，共同完成了"跟着书本去旅行——阿房宫策划案"。

学生经历了长时间的疫情防控，对疫情下的生活深有感触，对旅游更加渴望。类似"跟着书本去旅行"的文旅节目也深受他们的喜爱。因此，本课的情境框架以模拟文旅节目的形式呈现，旨在激发学生的学习兴趣，引导他们从策划者的角度去探索和理解课文的文学特点。

2. 具有语文学科特点的情境

在创设情境时，许多教师追求"真实场景"，将"实际场景活动"完全引入。尽管高度真实的情境与学生的认知水平和实际生活贴合，但偏离了语文学科的本质，丧失了文学的魅力，不符合语文学习的要求。语文学科情境的创设应该以学科特点为依托，突出人文元素，思考文学表达问题。因此，教师需要合理删除或修改无关的要素，明确教学的核心任务，创设能够切实解决学科问题的有利情境。

以下是《阿房宫赋》情境活动示例。

在初步讨论后，方案中主要呈现三个项目，现以这三个项目为基准，请同学们帮助他完成整体方案的设计。

项目一：设计旅游路线，推荐观览视角

项目二：设计脚本，打造"历史重现"声像区

项目三：思考历史与《阿房宫赋》，编辑电子交流墙总结词本文的教学主

本案例的教学主要安排了三个活动，按照逐步深入的方式进行。从整体解读

---

1 郑婕. 好的教学情境有三个标准 [J]. 人民教育，2021（10）.

课文到重点段落的深入剖析，从景物描写到情感探索再到主旨思考，从阅读到思辨再到写作，每个活动都有具体的要求，进一步明确了学生思考探究的方向。

第一个活动是设计旅游路线，推荐观览视角。通过设计路线和视角，学生能够深入了解阿房宫的历史与文化，从而更好地理解课文内容。

第二个活动是设计脚本，打造"历史重现"声像区。通过设计声像区，学生可以借助现代技术，将历史场景真实地呈现给游客，让他们身临其境，感受历史的魅力。

第三个活动是思考历史与《阿房宫赋》，编辑电子交流墙总结词。在这个活动中，学生将通过交流和总结，深入思考历史背景与课文内容之间的联系，并通过电子交流墙展示他们的思考成果。

这些活动按照学生的认知规律和语文学科的特点安排，旨在帮助学生全面理解课文内容，提高他们的思维能力和写作水平。

项目一："设计旅游路线"要求学生概括并整合景物类型，但"推荐观览视角"其实是在引导学生思考景物描写的角度和技巧。

项目二：要求学生通过小组合作讨论交流的方式，分析重点段落，提炼关键信息。虽然"声像区"和学生的实际生活有距离，学生易陷入漫无边际讨论的误区，从而导致课堂活动背离课文重点和学科任务。但此活动新颖有趣，能够激起学生讨论的热情。因此，通过表格具体列项的方式，将讨论内容有序切割，并限定在语文学科的范畴中，避免了课堂讨论走向泛化和无序的情况发生。如表6-1所示：

表 6-1　案例中重点段落分析讨论活动具体列项切割表

景点	色调与音乐	特写对象	情节梗概	设计理念阐释

项目三：设计的意图是将学生的情感指向文本情感，通过写作的方式让情感由外在输入转为内在输出，进而深度理解古遗迹的历史意义和文学意义。

3.连续性和层进式的课堂任务

情境式教学通过相连的多个活动（任务）的层进式推进，引导学生进行自主探究学习，让他们在真实的社会场景中解决不同难度和向度的问题，获得系统化的知识与能力，培养正确的情感态度价值观，发展高阶复杂的心智。为了确保情境式教学的优势得以充分发挥，课堂中多个活动（任务）的推进应当是流畅的，活动（任务）之间应当有层次和梯度。

如果课堂任务设计只注重完成教学内容，而忽视了情境的连贯性，则可能导致任务之间生硬切换，学生难以真正沉浸其中，课堂呈现出断层和割裂的现象。这样一来，情境化课堂的效果将受到影响。因此，教师在设置任务时，应当精心策划，以统一的情境为主线，通过不同梯度的任务推动课堂的深入进行。

以《阿房宫赋》的三个项目活动为例，它们相互环环相扣，衔接自然。第一个项目活动帮助学生迅速进入课文，快速梳理文章脉络，筛选关键词，整合信息，从整体上把握文章内容。第二个项目活动在前一个活动的基础上展开，从整体把握文章内容快速过渡到段落精读，挖掘隐含的深层信息，探究作者真实的情感态度。而第三个项目活动自然延伸，引导学生探究文章主题，并进行写作表达。

（二）情境活动设计要踩准"单元任务"和"学习提示"

课堂中情境创设和情境下的活动只是帮助学生获得知识、培养学习能力和提高学科素养的一种方法，而非教学的目的和重点。新课标背景下的语文学科的课堂教学不再是知识点的碎片化学习，而是以学习能力及学科素养的培养为核心的大单元学习。

1. 任务设计要有大单元意识

任务设计需要考虑到大单元意识，任务应该从单一知识点的传授过渡到整体学习能力和学科素养的培养。

以《阿房宫赋》为例，这篇文章选自统编版高中语文必修下的第八单元，该单元的人文主题是"责任与担当"，属于"思辨性阅读与表达"的任务范畴。在单元学习任务中，明确指出了文章展现了古人在面对国家社会问题时的理性思考，要求学生从理性表达的角度撰写一则短评。因此，项目活动的设计重点在于培养学生的思辨能力和写作表达能力。

2. 任务设计可利用学习提示

教材中每个单元的"单元导语"，清楚地阐述了本单元在整个高中学习的地位；每篇课文后的"学习提示"，也清楚地点明学生需要掌握的具体知识、学习能力等。教师在课堂设计时可以借助"导语"和"提示"快速定位教学重点，确定教学内容，设计教学问题。

《阿房宫赋》为第八单元第16课，在学习提示中明确标注出其作为"赋"文体特点及文言中"古今异义"这一学习重点。因此，设计任务时也要将这些内容考虑进去。项目一和项目二都以阅读文本为主，让学生在概读和精读时理解"赋"体铺排描写、夸张扬厉的特点，项目二表6-1中的"色调与音乐的确定"，其实是基于文本文意和文体风格理解后的再创造，让学生的思维在和课文内容共振下有更进一步的生成。

当然，高中语文学科情境式教学的成功展开，需要多方面综合思考。就情境框架和情境活动（任务）这两方面尝试进行一些探索，得出以下结论。在情境框架的创设上，关注情境真实、强调学科特点、课堂任务层进式进行。情境活动（任务）设置，需要以大单元任务、任务群要求、学习提示为导向。据此，教师可快速确定课堂重难点，抓准教学方向，创建具体真实有效的情境，设计有梯度流畅的活动（任务）。

附：《阿房宫赋》情境式教学设计及课堂反思

情境创设：随着疫情防控政策的变化，各地的旅游业逐渐恢复了活力。一名中学生看到某市旅游局发布的"听听历史的声音——跟着书本去旅行"旅游策划活动征集公告后，对阿房宫这一历史遗迹产生了浓厚的兴趣，并向同学们寻求帮助，一同完成了"跟着书本去旅行——阿房宫策划方案"。经过初步讨论，方案主要包括三个项目。现以这三个项目为基准，请同学们帮助他完成整体方案的设计。

项目一：

设计旅游路线，推荐观览视角借鉴杜牧《阿房宫赋》一文，模拟导游的身份，设计一条最佳观游路线，并推荐最佳观赏视角。

学生示例：

路线：骊山——宫外／宫墙、二川——宫内——阁楼、廊檐——长桥、复道——歌台、舞殿——六国宫室——秦国宫殿——宝物放置宫食——农夫宫女生活场所——大殿歌舞处

视角：远眺——近观——细察

本环节的设置，在于让学生迅速沉入课文，快速梳理文章脉络，筛选关键词，整合信息，从整体上把握文章内容。

在实际操作中，利用真实情境作为支撑，以游客的身份来探索课文，能够迅速引发学生的学习兴趣。他们很快就能够扮演角色，积极搜索关键信息，并整合思路，同时思考最佳的景点观赏角度，以完成任务。此外，根据课文内容，学生可以清晰地区分阿房宫内外的景物，同时也能够分析出杜牧在描写景物时所采用的夸张、比喻等修辞手法。

主要问题在于，一些学生在挑选景物时难以分类，因此他们倾向于将所有景

物单独列出。在这种情况下，教师需要提供有效的指导，强调应以场所为依据来确定景物，同时区分实景和虚景。举例来说，可以明确宫外和宫内、殿内和殿外等不同场所可观察到的景物有哪些。此外，教师还可以要求学生绘制阿房宫的平面图或制作思维导图，以帮助他们更清晰地理解和归类景物。

项目二：设计脚本，打造"历史重现"声像区

为了打造"历史重现"声像区，同学们计划利用现代声像技术，在阿房宫的部分景点展开创意设计。这个项目要求学生以小组合作形式完成从"讨论"到"呈现"的整个过程。每个小组在完成表格后，由中心发言人简要介绍小组的讨论成果。在设计阶段，学生的目标是聚焦课文中的重要段落，挖掘隐含信息，理解杜牧笔下的真实情感。此外，通过以表格形式呈现声像区脚本的设计要素，可以帮助学生明确思考内容，指导讨论方向，简化讨论流程，提高课堂效率。

根据课堂反馈，学生们在完成上一个环节后能够顺利进行精读，并迅速进入有效讨论。在小组讨论中，他们表现出了很高的主动性和创造性，将想象与课文内容相结合，设计出了令人满意的"阿房宫遗景"。在阐释设计理念时，几乎每个小组都能够触及文章背后的深层含义，并分析出文章的主题。综上所述，各个小组都成功地完成了任务，为项目的顺利进行奠定了基础。

项目三：思考历史与《阿房宫赋》，编辑电子交流墙总结词

抚摸历史的痕迹，总有一些东西能够触动我们的心灵。游客们在体验声像区的"历史重现"后，见证了阿房宫从"奢"到"亡"快速覆灭的过程，抚今追昔，思绪纷飞，感慨万千。景点旁设置的电子交流墙可为游客们提供交流的场所，游客可扫描二维码，编辑文字，上传自己对于历史遗迹观览后的思考。

其实，根据真实的历史，阿房宫并没有真正建成，它建设的目的也并非为了帝王享乐，它也并非导致强秦速灭的真正原因，但杜牧违逆史实写下《阿房宫赋》的原因也值得我们深思。请同学们结合真实的历史编写一段观赏总结词，在电子交流区投放，引导游客们辩证看待历史，理性思考当下。

学生示例：尊敬的游客们，当您在目睹阿房宫昔日的壮丽景象和王室生活的奢华时，也许您的心情会在奢侈和灭亡之间波动不定。今天我们有幸生活在一个和平而富裕的年代，但我们也应该认识到，前人的奢华生活和悲惨结局，依然在悄然提醒着我们。尽管我们可以通过科技手段超现实地还原阿房宫金碧辉煌的历史场景，但真正的目的并不在于追寻它昔日的辉煌，而是要以此为鉴，警醒我们当下的生活。正如那句名言所说："后人能够感受到悲伤，却不能从中汲取教训，

这将导致后人再次陷入悲哀的境地。"这才是我们铭记历史的真正原因。

教师总结：我们经常沉浸在回忆之中，喜欢翻阅曾经的记忆，历史给了我们太多可以回顾的事物。人生中的每一个阶段都充满了希望，历史书籍中记录了无数故事。回首曾经踏过的道路，我们接过了古人的火炬，为前行的道路点亮了光芒。每一个中国人都怀揣着对祖国的深情，传承着建设国家的血脉。这堂课上，同学们看似只是在规划一份"历史遗迹旅游方案"，但实际上，他们肩负着民族复兴的重任，为国家的发展出谋划策。今天，我们从历史中获取启示；而未来，中国的未来将由我们来书写。

《阿房宫赋》所在的统编版高中语文必修下第八单元，聚焦于人文主题"责任与担当"，属于"思辨性阅读与表达"任务群。在设计这一环节时，我们特别注重锤炼学生的思考与写作能力。在提升学生语言表达能力的同时，我们还着重培养他们对历史的关注和辩证思考的能力。因此，我们引导学生审视杜牧文中的历史相关内容，并展示与历史事实不符之处，以促进学生从多角度进行辩证思考。写作的主题紧扣新课标和新教材的要求，旨在引导学生总结历史教训，从中汲取当下的启示，培养他们的民族责任感和使命感，体现了语文学科的"以文育人"意义。

第三节　语文课堂教学实施中的注意事项与技巧

一、契合当代社会生活需求

（一）时代性教学内容

1.紧密联系社会发展

在当代社会，社会、政治、经济、科学技术等领域的发展日新月异。因此，语文教学内容的选择应当与这些领域的发展密切相关，及时反映社会的新动态。例如，可以选择一些与当代社会热点事件相关的文学作品或新闻报道作为教学内容，让学生通过阅读和分析这些文本，了解社会现实，培养他们的社会责任感和批判思维能力。此外，还可以选择一些具有代表性的当代作家的作品，通过学习他们的作品，了解当代文学的发展趋势和特点，培养学生的文学素养和审美情趣。

2.时代轨迹的体现

语文教学内容应当体现时代的变迁轨迹，与学生的现实生活联系紧密。这种选择有助于学生更好地理解社会的发展脉络，增强他们的历史意识和社会责任感。例如，可以选择一些经典文学作品或历史文献，通过学习这些作品，了解历史的变迁和时代的发展，培养学生的历史意识和文化自信心。同时，也可以选择一些当代青年作家的作品，通过学习他们的作品，了解当代青年的生活状态和精神追求，促进学生的自我认知和成长发展。

（二）关注学生发展的需求

1.重视个体差异

每个学生都是独一无二的个体，他们在认知水平、兴趣爱好、学习方式等方面存在着差异。因此，在语文教学中，需要重视学生的个体差异，采取多样化的教学方法和手段，满足不同学生的学习需求。例如，针对语言表达能力较弱的学生，可以采用更直观、生动的教学材料和形式，帮助他们更好地理解和掌握知识；而对于阅读能力较强的学生，则可以提供更深入、更广泛的阅读材料，拓宽他们的学习视野和认知广度。通过关注个体差异，可以实现教育的个性化，促进学生全面而个性化地成长。

2.紧密联系实际生活

语文教学内容应当贴近学生的实际生活，与他们的日常经验和感知紧密相连。这有助于激发学生的学习兴趣，提高他们的学习动力。例如，可以选择一些与学生生活息息相关的话题或文本作为教学内容，让学生通过阅读和讨论，将所学知识与实际生活联系起来，增强其学习的实效性和可持续性。此外，还可以通过实践活动、课外拓展等形式，让学生在实际生活中应用所学知识，培养其实践能力和创新思维。通过紧密联系实际生活，可以使语文教学更加贴近学生的实际需求，更加符合教育教学的本质要求。

（三）教学目标的设定与实现

1.核心素养的培养

语文教学的目标应当与学生的核心素养密切相关，以适应新时代社会发展的需求。这些核心素养包括文学素养、语言素养、阅读素养、写作素养等，是学生全面发展的基础和保障。因此，在设定教学目标时，应当注重培养学生的核心素养，引导他们掌握语言文字的基本规律和运用技巧，提高文学鉴赏和创作能力，培养批判性思维和解决问题的能力，增强社会责任感和文化自信心。通过教学内容的选择与组织，以及教学活动的设计与实施，有针对性地培养学生的核心素养，为其未来的学习和生活奠定坚实的基础。

2. 教学目标的具体化

高中语文课程标准提出了具体的教学目标，包括知识技能、情感态度、学习方法等方面的要求，指导着教师的教学实践。这些目标是对学生发展的要求和期待，是教学工作的重要依据和指导。因此，教师在教学过程中应当根据课程标准的要求，具体化教学目标，明确教学内容和教学重点，设计符合学生发展需要的教学活动，激发学生的学习兴趣，提高他们的学习积极性。通过实现教学目标，引领学生走向全面发展之路，培养他们成为具有高度素养和创新精神的社会主体。

二、满足学生全面发展的需求

（一）个性化教学内容的重要性

1. 学生的多样性

在教学内容的选择与组织中，应充分考虑学生的个体差异和多样化需求。每个学生都有自己的成长环境和学习方式，因此教学内容应当具有一定的个性化特点，以满足不同学生的学习需求。

2. 全面发展的目标

个性化的教学内容有助于促进学生的全面发展。通过针对性的内容设计，可以更好地激发学生的学习兴趣，提高其学习动力和自主学习能力，从而实现学生的多方面发展目标。

（二）核心素养的培养与发展

1. 学生的多样性

学生在成长过程中面临着各种不同的家庭环境、学习背景和个性特点，因此其学习需求和方式也是多样化的。个性化教学内容能够更好地照顾到每个学生的学习特点和兴趣爱好，提供符合其发展需求的学习资源和方法。例如，对于喜欢文学的学生，可以提供更多的文学作品阅读和创作任务；对于对科学感兴趣的学生，则可以设置与科学相关的探究性学习活动。这种个性化的教学内容设计有助于激发学生的学习兴趣，提高其学习积极性，促进其全面发展。

2. 全面发展的目标

个性化的教学内容能够更好地满足学生的学习需求，有助于实现其全面发展的目标。通过针对性的内容设计，可以更好地激发学生的学习动力，提高其学习效果和学习成就感。同时，个性化的教学内容还能够培养学生的自主学习能力和解决问题的能力，促进其思维发展和创新能力的提升。这种个性化的学习体验有助于学生在多个方面实现自我价值，为其未来的学习和生活打下坚实的基础。

（三）关注学生个性化学习的需求

1. 学生的独立性

每个学生都是独立的个体，拥有自己独特的学习方式、兴趣爱好和学习节奏。因此，教学内容的选择与组织应该充分考虑到这种个体差异，为每个学生提供个性化的学习支持和资源。个性化学习的关键在于了解每个学生的需求，并根据其特点和偏好，为其量身定制适合的学习计划和教学内容。例如，对于喜欢图书阅读的学生，可以提供更多的阅读材料和阅读指导；对于喜欢实践操作的学生，则可以设计更多的实践性任务和项目，以满足其学习需求。

2. 面向未来的发展

个性化的学习需求关注不仅是为了满足当前学生的学习需求，更重要的是为了培养他们面向未来的发展能力。现代社会变化迅速，未来的职业和挑战也将更加多样化和复杂化。因此，教育应该注重培养学生的创新思维、解决问题的能力和自主学习能力，使他们能够适应未来社会的发展趋势和需求。个性化的学习设计有助于激发学生的自主性和创造力，培养其积极探索和实践的精神，为其未来的发展奠定坚实的基础。

三、适切语文核心素养的教学目标

（一）整合性教学目标

1. 核心素养与教学目标的关系

语文教学的核心素养是教学目标的重要基础和方向。核心素养不仅包括语言能力，还涵盖了思维能力、审美能力等多方面的发展。在语文学科中，教学目标的设定应当与这些核心素养密切相关，以全面培养学生的语文素养为目标。首先，语言能力是语文学科的核心素养之一。教学目标应当着力于提高学生的语言表达能力、阅读理解能力和写作能力，使他们能够准确、流畅地运用语言进行交流和表达。通过针对性地教学活动和任务，可以促进学生在听、说、读、写各个方面的语言能力全面发展。其次，思维能力也是语文学科的重要素养之一。教学目标应当注重培养学生的批判性思维、创造性思维和逻辑思维能力，使他们能够独立思考、分析问题，并提出合理的观点和见解。通过阅读文学作品、分析文本结构和语言特点，可以激发学生的思维活力，培养其深度思考和解决问题的能力。最后，审美能力也是语文学科不可忽视的一部分。教学目标应当注重培养学生的审美情趣和审美鉴赏能力，使他们能够欣赏文学作品的艺术魅力，理解其中蕴含的美学意义。通过导读名家作品、欣赏优秀文学作品，可以培养学生的审美情感，提高其审美水平。

2. 教学目标的整合性

教学目标的整合性是语文教学的重要特点之一。在设定教学目标时，教师应当综合考虑语文学科的各个核心素养，使之有机地融会贯通，形成一个统一而完整的教学体系。首先，教学目标的整合性体现在各个方面的素养之间的相互促进和支持。例如，在提高学生的阅读理解能力的同时，也可以培养他们的批判性思维和文学鉴赏能力，从而实现教学目标的整体提升。其次，教学目标的整合性还体现在不同教学环节和任务之间的内在联系和衔接。例如，在课堂教学中，可以通过导读、讨论、写作等多种形式的教学活动，使学生在不同方面都能达到预期的教学目标，形成一个统一的学习过程。

（二）个性化发展的指导

1. 考虑学生的个体差异

在语文教学中，个体差异是不可避免的现实。每个学生都有自己独特的学习方式、兴趣爱好和学习需求。因此，在设定教学目标时，必须充分考虑学生的个体差异，以满足他们全面发展的需求。首先，教师应当了解学生的学习特点和学习风格，针对不同学生的特点设定个性化的教学目标。例如，对于喜欢阅读的学生，可以设定提高阅读理解能力和文学鉴赏能力的目标；对于喜欢写作的学生，可以设定提高写作表达能力和创造性思维能力的目标。其次，教师还应考虑学生的学习需求和兴趣爱好，为其量身定制符合其个性化需求的学习内容和任务。例如，对于喜欢文学的学生，可以选择经典文学作品或文学评论作为学习内容；对于喜欢实践的学生，可以设计一些实践性强、操作性强的学习任务，如写作比赛、文学创作等。通过考虑学生的个体差异，教师可以更好地满足其学习需求，引导他们实现个性化发展，提高学习的有效性和积极性。

2. 引导学生广泛实践

实践是学习的最好方式，通过参与各种实践活动，学生可以将所学知识和能力应用到实际生活中，加深理解和记忆。首先，教师可以设计一些贴近学生生活的实践任务，如实地考察、社会实践、文学创作等，让学生在实践中感受语文的魅力，增强学习的实效性和可持续性。其次，教师还可以鼓励学生参与各种语言实践活动，如朗读比赛、辩论赛、演讲比赛等，培养其语言表达能力和沟通能力，提高其语文素养水平。

（三）教学目标与内容的统一

1. 教学目标与内容的关联

教学目标与教学内容的关联是教学设计中的重要环节。只有将教学目标与内容有机地结合起来，才能有效地指导教学实践，使学生获得更好的学习效果。首先，教学目标应当明确具体，能够明确指导教学内容的选择和组织。例如，如果教学目标是提高学生的阅读理解能力，那么教学内容可以选择一些文学作品或科普文章，通过阅读分析来达到提高阅读理解能力的目标。其次，教学内容应当贴近教学目标，具有一定的挑战性和启发性。教师可以选择一些与学生实际生活和兴趣相关的内容，激发学生的学习兴趣，增强其学习的主动性和积极性。最后，教学目标与内容之间的关联应当是相互促进的。即教学内容的选择和组织应当有利于实现教学目标，同时教学目标的达成也应当通过教学内容的学习来实现。这种相互促进的关系能够保证教学的有效性和实效性，使学生在学习中能够真正地达到预期的学习效果。

2. 实现教学目标的途径

实现教学目标的途径包括设计合适的教学内容和教学活动，以及采用有效的教学方法和手段，引导学生积极参与学习，达到预期的学习效果。首先，教师应根据教学目标的要求，精心设计教学内容。这包括选择适当的教材、资料和案例，设计符合学生认知水平和学习需求的教学任务和活动，以及安排合理的学习进度和节奏，确保教学内容能够有效地支持教学目标的实现。其次，教师还应根据教学目标的要求，采用多种多样的教学方法和手段，灵活运用课堂讨论、小组合作、案例分析、实验演示等教学活动，激发学生的学习兴趣，提高其学习动机和学习效果。最后，教师还应及时对教学效果进行评估和反馈，发现学生学习中存在的问题和困难，及时调整教学策略和方法，进一步优化教学过程，确保教学目标的顺利实现。

第四节　语文课堂教学效果评价与反馈

一、教学效果评价的重要性

教学效果评价在高中语文课堂中扮演着至关重要的角色，其重要性体现在以下几个方面：首先，教学效果评价是提升教学质量的重要手段。通过评价教学效果，教师可以了解学生在学习过程中的表现和水平，及时发现教学中存在的问题和不足之处。这有助于教师根据学生的实际情况，调整教学策略和方法，针对性地进行教学改进，从而提升教学的实效性和质量。其次，教学效果评价是促进师生互动和沟通的重要途径。通过向学生征求反馈意见，教师可以了解到学生对教学内容和教学方法的看法和感受，从而促进师生之间的沟通和交流。这有助于建立良好的师生关系，增强学生对教学的参与感和认同感，进而提高教学的有效性。再次，教学效果评价还是教学改革和创新的重要基础。通过评价教学效果，可以发现教学中存在的问题和短板，为教学改革提供依据和方向。教师可以根据评价结果，不断调整教学内容和教学方法，探索适合学生发展需求的教学模式，促进教学的创新和发展。最后，教学效果评价对于提升学生学习动力和积极性具有重要意义。通过及时了解学生的学习情况和反馈意见，教师可以根据学生的需求和兴趣，设计更加贴近学生实际需求的教学内容和活动，激发学生的学习兴趣和积极性，提高他们的学习动力和自主学习能力。

二、学生反馈的作用和意义

（一）发现问题和困难

学生反馈在高中语文教学中扮演着至关重要的角色，其中之一就是帮助教师及时发现教学中存在的问题和学生的困难。通过与学生的交流和反馈，教师可以更加深入地了解学生的学习情况和需求，从而有针对性地解决问题，提升教学质量。首先，学生反馈可以帮助教师发现教学内容中的难点和问题。每个学生的学习能力和理解水平都有所差异，他们在学习过程中可能会遇到各种困难和挑战。通过收集学生的反馈意见，教师可以了解到学生在学习过程中遇到的难点和疑惑，进而针对性地调整教学内容和教学方法，帮助学生克服困难，提高学习效果。

其次，学生反馈也可以帮助教师发现教学方法上的不足之处。教学方法的选择和运用直接影响着学生的学习效果和体验。通过听取学生的反馈意见，教师可以了解到哪些教学方法更受学生欢迎，哪些教学方法存在问题或不适用于某些学生，从而及时调整和改进教学方法，提升教学效果。

（二）评估教学效果

学生反馈在高中语文教学中还承担着评估教学效果的重要任务。教师通过收集学生的反馈意见和评价信息，可以客观地了解到教学过程中的优缺点，评估教学效果的好坏，从而为教学改进提供依据和方向。首先，学生反馈可以帮助教师评估教学内容的传递和理解情况。教学内容的传递效果直接关系到学生是否能够理解和掌握所学知识。通过与学生的交流和反馈，教师可以了解到学生对教学内容的理解程度，发现教学内容传递中可能存在的问题和误解，及时进行调整和补充，确保教学内容的准确传递和理解。其次，学生反馈也可以帮助教师评估教学活动的参与程度和学习成果。教学活动的设计和开展直接影响着学生的学习积极性和效果。通过收集学生的反馈意见，教师可以了解到学生对不同教学活动的参与情况和反馈，评估教学活动的吸引力和有效性，进而进行调整和改进，提升教学效果。

（三）促进师生互动

学生反馈在高中语文课堂中还能够促进师生之间的互动和沟通。通过与学生的交流和反馈，教师可以更好地了解学生的需求和期望，建立起良好的师生关系，促进师生之间的互动和沟通。首先，学生反馈可以增强师生之间的信任和认同感。通过向学生征求反馈意见，教师表现出了对学生的尊重和重视，增强了学生对教师的信任感和认同感。学生也会感受到自己被重视和关心，从而更加愿意与教师进行沟通和交流，建立起积极向上的师生关系。其次，学生反馈可以帮助教师更好地了解学生的需求和期望。通过收集学生的反馈意见，教师可以了解到学生对教学内容和教学方法的看法和感受，发现学生的需求和期望，从而更加有针对性地进行教学设计和教学安排，满足学生的学习需求，提升教学效果。

三、如何有效收集学生反馈

（一）建立开放的沟通渠道

1. 课堂氛围营造

（1）鼓励学生参与

在每堂课的开头或结尾，通过简短的分享或小组讨论，鼓励学生表达对课程内容的看法和建议。这种参与形式旨在激发学生的思考和表达能力，让他们从被动接受转变为主动参与课堂。教师可以设计一些启发性的问题，引导学生思考，并给予充分的时间和空间让他们分享自己的观点和想法。

此外，为了进一步鼓励学生参与，可以采取一些激励措施，比如设立小组竞赛或奖励表现突出的学生。这样可以增强学生的积极性，激发他们更多地参与到课堂活动中来。

（2）倾听每位学生

保证每位学生都有机会说话，不论他们的性格、学习水平或口才能力如何，都应该感到被尊重和重视。教师在课堂上应当给予每位学生充分的表达机会，并认真倾听他们的观点和意见。无论是积极主动的学生还是内向沉默的学生，都应该被鼓励和支持，让他们敢于表达自己的想法。

为了实现这一目标，教师可以采取一些具体措施，如设立轮流发言制度，确保每个学生都有机会发表自己的观点；或者采用小组讨论的方式，让学生在小组中更自由地交流和表达。此外，教师还可以在课后与学生进行一对一的交流，了解他们的学习情况和个性特点，为他们提供更贴心的指导和支持。

2.利用多样化的沟通工具

（1）在线平台

创建专门的线上论坛或社交媒体群组是一种有效的方式，让学生可以在课堂之外以书面形式分享想法。这种方式不仅能够延伸课堂学习的时间和空间，还能够促进学生之间的交流和互动。教师可以在平台上发布课程相关的话题或问题，鼓励学生进行讨论和交流，并及时给予反馈和引导。同时，学生也可以在平台上提出自己的疑问和建议，与教师和同学们进行互动，从而更好地理解和掌握课程内容。另外，利用在线平台还可以方便地分享学习资源和资料，如课件、教学视频等，帮助学生自主学习和复习。通过建立一个互动性强、信息共享便捷的在线平台，可以有效促进学生的学习兴趣和积极性，提高学习效果和效率。

（2）电子邮件

提供学生邮箱，鼓励他们在需要时直接与教师沟通，尤其是对于较为私密或个性化的问题。电子邮件是一种比较正式和私密的沟通方式，适用于学生需要向教师请教问题、反馈意见或寻求帮助的情况。学生可以通过电子邮件随时向教师提出自己的疑问和困惑，而教师也可以通过邮件及时回复并给予指导和建议。这种一对一的沟通方式，有助于建立师生之间更为紧密和信任的关系，增强学生对教师的信任感和归属感，从而更好地促进学生的学习和成长。此外，教师还可以利用电子邮件向学生发送课程相关的通知和提醒，如作业布置、考试安排等，以确保信息的及时传达和学生的及时了解。通过电子邮件这种方便快捷的沟通工具，可以有效提高学生与教师之间的沟通效率，促进教学工作的顺利开展。

（二）多元化的反馈方式

1. 口头反馈

（1）课堂互动

通过设置小组讨论、角色扮演或游戏环节等活动，鼓励学生直接在课堂上表达观点和建议。这种形式的互动能够激发学生的思维和表达能力，促进他们积极参与课堂，建立起师生之间良好的互动关系。在小组讨论中，学生可以分享自己的见解和体会，与同学进行交流和碰撞，从而拓展思维、加深理解。而通过角色扮演或游戏环节，学生可以在轻松愉快的氛围中体验语言运用的乐趣，增强学习的趣味性和吸引力。

教师在课堂互动中的角色不仅是知识的传授者，更应扮演着引导者和促进者的角色。教师可以设定问题或任务，引导学生展开讨论或展示，及时给予肯定和建议，鼓励学生敢于表达和尝试，培养他们的自信心和探索精神。通过课堂互动，教师可以深入了解学生的学习情况和思维方式，及时发现问题和困惑，提供针对性地帮助和指导，从而更好地推动教学工作的开展和学生学习的进步。

（2）个别交流

除了课堂互动，个别交流也是重要的口头反馈方式之一。教师可以安排一些私下的时间，与学生进行一对一的对话，让他们更舒适地分享自己的想法。这种私密性的交流方式有助于学生更自由地表达自己的想法和感受，倾诉内心的困惑和疑惑，与教师建立更为深入的沟通和联系。

在个别交流中，教师可以关注学生的学习情况和心理状态，了解他们的学习动机和兴趣爱好，探寻他们的潜在需求和潜力。通过耐心倾听和细致观察，教师可以更全面地了解学生的个性特点和学习特点，为他们提供个性化的学习指导和心理支持，帮助他们克服学习困难，发挥潜能，实现自我成长和发展。

2. 书面反馈

（1）反馈日记

反馈日记是学生记录学习过程中感受和体会的重要工具。鼓励学生在学习过程中记录自己的感受和思考，可以是文字、绘画或多媒体形式。这种形式的反馈不仅有助于学生对知识的消化和理解，还可以培养其自我反思和表达能力。

在实践中，教师可以定期要求学生写反馈日记，内容可以包括学习中遇到的困难、解决问题的方法、对教学内容的理解与感悟等。教师可以通过阅读学生的反馈日记，了解学生的学习状态和情感变化，及时给予关心和指导，帮助他们解决学习中的困难，提高学习效果。

（2）作业反馈

作业反馈是学生对教学内容和教学质量的直接反映，也是教师了解学生学习情况的重要途径。在作业或考试卷上留下空白处，让学生写下对教学内容或题目设置的反馈意见，可以让学生更直接地表达自己的看法和建议，为教师提供改进教学的有效参考。

在实践中，教师可以通过设置反馈空白处或者提供专门的反馈表格，要求学生在完成作业或考试后写下对教学内容和题目设置的反馈意见。教师可以根据学生的反馈意见，及时调整教学策略和方法，提高教学质量和学生满意度。

3. 匿名问卷调查

（1）保护隐私

提供匿名的问卷调查链接是保护学生隐私的重要举措。学生在不暴露个人身份的情况下，可以自由表达对课程的看法和建议，不受到个人信息泄露的顾虑和限制。这种匿名性能够有效地激发学生的参与热情，让他们更真实地反映自己的想法和感受，为教师提供更准确、客观地反馈信息。

（2）全面收集

设计涵盖课程内容、教学方法、作业布置等方面的问卷，是确保收集到全面反馈信息的关键。通过综合考虑诸多方面的因素，教师可以更全面地了解学生的学习体验和需求，发现问题和不足之处，及时调整教学策略和方法，提高教学质量和学生满意度。因此，问卷设计要充分考虑到课程的方方面面，既包括课堂教学的内容和方法，也包括作业布置和考核评价等方面，以确保收集到全面、准确的反馈信息。

（三）及时有效地反馈和回应

1. 反馈分析与整理

（1）定期汇总

定期汇总收集到的反馈意见是保证反馈信息得到充分利用的关键。教师可以将收集到的反馈意见进行分类整理，如课程内容、教学方法、作业布置等方面，找出共性问题和亮点。通过分析反馈意见，教师可以更全面地了解学生的学习需求和意见，及时发现问题和改进空间，为教学改进提供有力支持。

在操作上，教师可以设立专门的时间，定期进行反馈意见的汇总和分析。可以选择在学期末或学期中进行汇总，也可以根据实际情况灵活安排。在汇总过程中，教师应当注重问题的分类和归纳，避免遗漏重要信息，确保反馈意见的全面性和准确性。通过定期汇总，教师可以发现教学中的不足之处，及时进行调整和改进，提高教学质量和效果。

（2）建立反馈档案

建立反馈档案是保证反馈信息得到有效记录和追踪的重要方式。教师可以建立学生反馈的档案，记录每一次的反馈内容和教师的回应措施，以便未来参考。这样做不仅有助于教师及时了解学生的反馈意见和需求，还可以为教师提供历史数据，帮助其更好地分析问题和制定改进计划。

在实践中，教师可以选择合适的形式和工具建立反馈档案，如电子表格、学校内部平台等。在档案建立过程中，教师应当注意对反馈信息进行及时、准确地记录，保证信息的完整性和可追溯性。同时，教师还应当对反馈信息进行分类整理和归档，便于后续的查询和分析。通过建立反馈档案，教师可以更加系统地管理和利用反馈信息，促进教学改进和教学质量的提高。

2. 实施改进措施

（1）透明沟通

透明沟通是建立师生信任和合作关系的基础。在课堂上或线上平台上向学生公布改进计划，并邀请他们参与讨论和建议，可以增强学生的参与感和责任感，促进师生之间的沟通和交流。教师可以通过课堂讨论、在线讨论板块或邮件等方式向学生传达改进计划，解释改进的原因和目的，明确改进的方向和目标，同时鼓励学生积极提出自己的看法和建议。通过透明沟通，教师可以建立起与学生之间的共识和信任，为改进措施的顺利实施奠定基础。

（2）持续改进

持续改进是教育教学工作的重要原则之一。教师应该不断跟进反馈结果，及时调整教学策略和课程设计，确保学生的需求得到满足。在收集到学生的反馈意见后，教师应该认真分析和总结，找出问题和改进空间，制定相应的改进计划和措施。然后，教师需要及时跟进改进措施的执行情况，收集相关数据和信息，评估改进效果，并根据实际情况调整和优化措施，确保教学工作的持续改进和提升。

　　在实践中，教师可以设立专门的时间，定期评估和总结改进措施的执行情况和效果。可以选择在学期末或学期中进行评估，也可以根据实际情况灵活安排。在评估过程中，教师应当注重问题的分析和解决，确保改进措施的有效实施和落实。通过持续改进，教师可以不断提高教学质量和学生满意度，推动教育教学工作的不断发展和进步。

第七章 高中语文教学评价与考试改革

第一节 高中语文教学评价的概念与特点

一、语文教学评价的特殊性

（一）语文教学评价需要考虑语言文字的综合运用能力

高中语文教学评价不仅限于对学生语言文字知识的简单考察，而是更加关注学生在实际运用语言文字过程中所展现出的能力。这涉及多方面的能力，包括以下几个方面。

1. 语言表达能力

评价学生的语言表达能力需要从几个方面综合考虑。首先是学生表达思想的清晰度，即学生是否能够用清晰、明了的语言准确地表达自己的想法和观点。清晰的表达能力不仅能够帮助他们准确传达自己的意思，还能提升文章的可读性和吸引力。其次是表达的准确性，评价时需要关注学生语言使用的准确性和用词的恰当性，以确保表达的准确性和专业性。最后，还应该考虑语言的美感和流畅度，评价学生的文章是否具有优美的文采和流畅的语言节奏，以及是否能够引人入胜，产生共鸣。

2. 文字组织能力

评价时需要关注学生文章结构的合理性，即文章是否有清晰的开头、中间和结尾，是否能够恰当地组织内容，让读者易于理解和接受。此外，还需要考虑段落的连接性，评价学生是否能够通过过渡句和连接词将各段之间的内容紧密连接，确保文章的连贯性和条理性。另外，还需要考察语言的层次和逻辑性，即学生是否能够合理地安排论述的层次和结构，以及论据是否能够有条不紊地展开，从而使文章内容更加丰富和有深度。

3. 语境理解能力

语境理解能力包括对不同场景和语境下语言的运用情况的理解和把握。评价时需要关注学生对语境的敏感度和理解能力，即学生是否能够根据不同的语境合理地运用语言，并能够准确理解语境中的含义和暗示。此外，还需要考虑学生对语境背景的了解程度，即学生是否能够根据文章的背景和环境合理地运用语言，使文章更加生动和具体。

（二）语文教学评价需要考虑文学鉴赏能力

1. 文学作品内涵的把握

评价学生的文学鉴赏能力时，需要考察他们对文学作品深层次内涵的理解。这包括对作品主题的把握，即学生是否能够理解作品所要表达的核心思想、主题或情感。同时，还需要关注学生对作品中人物形象的理解，包括人物的性格特点、行为举止以及内心世界的描绘等方面。此外，评价时还可以考查学生对作品情节发展的理解，包括情节的起承转合、高潮迭起等方面，以及学生对作品整体结构和发展脉络的把握程度。

2. 文学形式的理解

评价学生的文学鉴赏能力还需要关注他们对不同文学形式的理解和欣赏。文学作品具有多种形式，包括小说、诗歌、散文等，每种形式都有其独特的特点和风格。评价时可以考查学生对这些不同形式的特点和风格的理解程度，以及他们对不同形式作品的欣赏能力。通过这种评价，可以了解学生对文学形式的把握程度，以及他们对不同文学形式的偏好和倾向。

3. 文学艺术特点的分析

评价学生的文学鉴赏能力还需要考察他们对文学作品的艺术表现手法和意义的分析能力。文学作品通常具有丰富的艺术特点，包括修辞手法、意象、象征等方面。评价时可以考查学生对这些艺术特点的理解和分析能力，以及他们对这些特点的欣赏和评价。通过这种评价，可以了解学生对文学作品的深层次理解和把握能力，以及他们对文学艺术的感知和体验水平。

二、教学评价应注重学科特点

（一）全面考察学生语言文字运用能力

评价应该覆盖学生的听、说、读、写等多种语言技能，并结合实际情境，考察他们的语言表达能力和交际能力。

在评价学生的语言文字运用能力时，应该全面考虑其听、说、读、写等多种语言技能。通过听力测试，可以了解学生对听力材料的理解程度和听力技巧的掌握情况；通过口语表达活动，可以考查学生的口语流利度、词汇量和语法运用能力；通过阅读理解题目，可以测试学生的阅读理解能力和阅读速度；通过写作任务，可以评价学生的书面表达能力、文采和逻辑思维能力。此外，评价语言文字运用能力还需要结合实际情境，考查学生的语言表达能力和交际能力。例如，在口语交际中，可以模拟真实情境，让学生进行角色扮演或小组讨论，评价他们的交际效果和语言应变能力；在写作任务中，可以设置具体的写作题目，要求学生针对性地表达自己的观点和思想，评价他们的写作表达能力和逻辑思维能力。

（二）强调对学生文学鉴赏能力的评估

评价应该注重学生对文学作品的深入理解和个性化地感受，考察他们的文学鉴赏能力和审美情趣。

在评价学生的文学鉴赏能力时，应该注重他们对文学作品的深层次理解和个性化地感受。这包括对作品主题、人物形象、情节发展等方面的把握，以及对文学作品所蕴含的情感、思想和价值观的感悟。评价时可以通过阅读理解题目、文学作品分析和评论等形式，考查学生对文学作品的解读和评价能力，了解他们对文学作品的感知和体验水平。此外，评价文学鉴赏能力还需要关注学生的审美情趣。学生对文学作品的欣赏程度和方式可能因人而异，有些学生可能更偏爱某种文学体裁，有些学生可能更喜欢某种风格的作品。因此，评价时应该尊重学生的个性化选择和感受，注重发现和培养学生的审美情趣，引导他们形成独特的文学品位和审美理念。

（三）综合考查学生思维逻辑能力

评价应该注重学生的思维深度和思维广度，考察他们的逻辑思维能力和创造性思维能力，引导他们形成批判性思维和创新性思维。

在评价学生的思维逻辑能力时，应该注重考察他们的思维深度和广度。评价时可以通过提问、讨论、解答问题等形式，考查学生的逻辑思维能力和问题解决能力，了解他们对问题的理解程度和思考深度。同时，还应该关注学生的创造性思维能力，鼓励他们提出新颖的见解和观点，培养他们的创新意识和创造力。此外，评价学生思维逻辑能力还需要引导他们形成批判性思维和创新性思维。批判性思维是指学生对所学知识和信息进行分析、评价和判断的能力，包括辨别事实和观点的真伪、评估信息的可靠性和逻辑性等。评价时可以通过提供具有争议性的问题或观点，引导学生进行思辨和辩论，培养他们的批判性思维能力，加深对问题的理解和思考。

第二节　高中语文教学评价的方法与工具

一、成绩评定标准的制定与应用

（一）成绩评定标准的制定

在高中语文教学中，成绩评定标准的制定至关重要，它直接影响着教学评价的准确性和公正性，以及学生的学习动力和自信心。制定成绩评定标准需要综合考虑多个方面，确保其科学合理、可操作性强。以下是成绩评定标准制定的几个关键方面：

1. 评分标准和评价维度的确定

评分标准应该是清晰、明确的，能够具体描述每个评价维度的不同等级或分数范围。评价维度通常包括文字表达能力、阅读理解能力、写作能力等，这些维度是语文学科评价的核心。在确定评分标准时，需要细分每个维度，并明确不同等级或分数对应的表现特征。例如，在文字表达能力这一维度中，可以考虑语言准确性、逻辑性、表达清晰度等方面。

2. 评价方法和工具的选择

评价方法和工具应该与评分标准相匹配，确保评价结果的准确性和客观性。评价方法可以包括定量评价和定性评价两种形式。定量评价主要通过给出分数来评价学生的表现，而定性评价则更注重对学生表现的描述和分析。评价工具可以根据具体评价维度选择，例如，针对写作能力可以使用作文评分表，针对阅读理解能力可以使用阅读理解题目等。

3. 标准的权威性和可操作性

评价标准应该由专业教师团队共同制定，结合教材要求、教学大纲和学生实际情况，确保其权威性和可操作性。评价标准的制定过程应该充分调研和讨论，听取各方意见，最终达成共识。同时，评价标准要能够具有一定的灵活性，能够适应不同学生群体和教学环境的需要，以保证评价结果的准确性和公正性。

（二）成绩评定标准的应用

在应用高中语文成绩评定标准时，教师需要遵循一系列原则和方法，以确保评价的公正性、客观性和准确性，同时为学生提供有效的反馈和指导。

1.严格按照评定标准进行评价

教师应该严格按照事先确定的评定标准进行评价，避免受到主观情感和个人偏好的影响。评价标准应该清晰明确，包括评分标准和评价维度，教师应该根据这些标准对学生的作业、考试进行客观公正地评定。

2.及时反馈评价结果

教师应该及时对学生的作业、考试进行评定，并向学生及时反馈评价结果。评价结果应该具体明确，突出学生的优点和不足，为其提供有针对性地指导和改进建议。通过及时反馈，可以帮助学生及时了解自己的学习情况，发现不足之处并加以改进。

3.注重评价结果的可追溯性和可比较性

评价结果应该具有可追溯性和可比较性，即能够清晰反映学生的实际水平和成长历程，同时具有一定的一致性和可比性。为了实现这一目标，教师应该保持评价标准的稳定性和一致性，在评价过程中要避免随意性和主观性，确保评价结果的客观性和准确性。

二、学业水平考试在语文教学评价中的地位与作用

（一）学业水平考试的地位

学业水平考试是对学生语文水平和能力进行全面评价的重要方式之一，具有以下地位：

1.权威性

学业水平考试由教育部门主办，其评价标准和程序经过严格设计和审核，具有较高的权威性和公信力。考试结果对学生、家长和教育机构具有约束力，被广泛认可为评价学生语文水平的重要依据。

2.指导性

学业水平考试为学生提供了一种客观、全面的自我评价机会，帮助他们了解自己的学习水平和能力水平。通过考试结果，学生可以发现自己的不足之处，及时调整学习方法和提高学习效率，促进个人学习进步和发展。

3. 评价标准

学业水平考试的评价标准经过精心设计和制定，覆盖了语文学科的各个方面，包括语言表达能力、阅读理解能力、写作能力等。这些评价标准具有客观性和准确性，能够全面、客观地评价学生的语文水平和能力，为学生提供准确的评价结果，为学校提供有针对性的教学指导和改进方向。

（二）学业水平考试的作用

学业水平考试在语文评价中发挥着多方面的作用，主要包括以下几个方面：

1. 评价学生水平

学业水平考试是对学生语文水平和能力进行全面评价的重要手段之一。通过考试可以客观地了解学生的语言表达能力、阅读理解能力、写作能力等方面的水平。这种全面的评价有助于学校和教师更准确地了解学生的实际水平，为个性化教学提供数据支持。

2. 促进教学改革

学业水平考试的评价结果可以为学校的教学改革和教学质量提升提供重要参考。通过分析考试成绩，学校可以发现教学中存在的问题和不足之处，及时调整教学方案和教学内容，推动语文教学的不断完善和提高。这有助于提高教育教学质量，促进学校的整体发展。

3. 促进学生发展

学业水平考试不仅是对学生学习成果的一种检验，也是对学生学习动力和发展的一种激励。通过考试，学生可以了解自己的学习水平和不足之处，激发学习动力，提高学习积极性。同时，考试结果也为学生提供了改进的方向和重点，帮助他们更好地规划学习目标，实现个性化发展和全面成长。

第三节 高中语文教学评价的标准与准则

一、评价标准的科学性与公正性

（一）科学性

语文教学评价标准的科学性是其有效性和可靠性的基础，它应该具备以下特点。

1. 基于教学目标和要求

评价标准应直接关联教学目标和要求，确保评价内容与语文学科的核心素养和能力培养目标相契合。这意味着评价标准应能够准确反映学生在语言表达、阅读理解、写作能力等方面的学习目标，以及对文学作品鉴赏和理解的要求。通过基于教学目标和要求的设计，评价标准能够确保评价过程与语文教学的实际需求相匹配，使评价结果更具有指导性和可操作性。

2. 全面客观

评价标准应该全面覆盖语文学科的各个方面，确保评价内容的全面性和客观性。这包括语言技能的听、说、读、写等方面，以及文学鉴赏、文言文阅读等内容。通过全面考查学生在不同语言技能和语文学科内容上的表现，评价标准能够更准确地反映学生的整体语文水平和能力。

3. 量化和可操作性

评价标准应具备量化的指标和可操作的方法，以便教师能够根据标准对学生进行评价，并在不同时间、不同场合下得到一致的评价结果。这意味着评价标准应具有清晰明确的评分细则和评价标准，便于教师对学生的语文表现进行准确评定。同时，评价标准的操作性也很重要，教师应能够根据评价标准的指引，实际操作评价工作，并依据评价结果进行教学调整和指导。

（二）公正性

1. 客观公正

评价标准应避免受到主观偏见和歧视的影响，确保对所有学生一视同仁，不受个人喜好、学校背景等因素的干扰。评价标准的制定应基于客观的标准和指标，而非主观的个人喜好或偏见。这样才能保证评价结果的客观性和公正性，每个学生都能够在公平的环境下接受评价。

2. 权威性和可信度

评价标准应由具有专业背景和教育经验的专家和教师团队共同制定，确保评价标准具有权威性和可信度。这些专家应该具有丰富的语文教学经验和理论知识，能够准确把握语文教学的要求和学生的实际水平。评价标准的权威性和可信度可以使评价结果得到广泛认可和应用，增强评价的公信力。

3. 透明公开

评价标准的制定和应用过程应该公开透明，确保评价过程的公开和公正。学生和家长应该清楚了解评价标准的内容和标准，包括评分细则、评价指标等信息。他们应该有权对评价结果进行申诉和质疑，评价过程应该充分考虑学生和家长的意见和建议。透明公开的评价过程可以增强评价的公正性和可信度，保障学生的权益。

二、语文教学评价标准的建立与修订

（一）语文教学评价标准的建立

1. 需求分析

在建立语文评价标准之前，必须进行全面深入的需求分析，以确保评价标准的科学性和实用性。需求分析是一个系统性的过程，需要综合考虑多个方面的因素，包括教学现状、学生特点、教学目标等。语文教学的现状分析是需求分析的重要组成部分之一。通过对当前语文教学的调查和研究，可以了解到教学中存在的问题和挑战，以及教师和学生的实际需求。这包括教材使用情况、教学方法和策略、学生学习兴趣和态度等方面的情况。通过对教学现状的分析，可以为评价标准的制定提供具体的参考依据。语文教学是一个不断发展和变化的过程，需要与时俱进，紧跟学科发展的趋势。因此，需求分析还应包括学科发展趋势的分析。这包括对语文学科的最新研究成果、教学理念和方法的了解，以及学科未来发展的预测和展望。通过对学科发展趋势的分析，可以确定评价标准所要考查的内容和指标，确保评价标准与学科发展保持一致。学生的学习特点是评价标准制定的重要参考依据之一。不同年龄段和不同层次的学生具有不同的学习需求和能力水平，因此评价标准需要根据学生的学习特点进行针对性地设计。这包括学生的语言能力、认知水平、学习兴趣和动机等方面的分析。通过对学生学习特点的分析，可以确定评价标准的制定目标和方向，确保评价标准与学生的实际需求相符。最后，需求分析还需要对教学目标进行全面分析。教学目标是评价标准制定的核心，评价标准应该紧密贴合教学目标，明确反映学生在语言表达、阅读理解、写作能力等方面的学习目标。通过对教学目标的分析，可以确定评价标准所要考查的内容和指标，为评价标准的制定提供明确的指导方向。

2. 专家论证

专家论证阶段是评价标准制定过程中至关重要的一环，它不仅能够提高评价标准的科学性和可靠性，还可以确保评价标准与实际教学需求相契合。

（1）专家学者的参与

在评价标准的制定过程中，邀请语文学科的专家学者参与是至关重要的。这些专家学者通常具有丰富的学科知识和研究经验，能够从学科理论和实践经验的角度对评价标准进行深入地分析和研究。他们可以就评价标准的设计原则、指标体系、评价方法等方面提出专业性的意见和建议，为评价标准的制定提供理论支持和学术指导。

（2）教师团队的参与

教师是教育实践的主体，他们对学生的实际情况和教学需求了解更为深入。因此，邀请教师团队参与专家论证阶段可以充分考虑教学实践的特点和需求，确保评价标准的可操作性和实用性。教师团队可以就评价标准的具体实施方案、教学指导方法等方面提出具体建议，为评价标准的制定提供实践支持和操作指导。

（3）论证和讨论过程

在专家论证阶段，通常会组织专门的论证和讨论会议，邀请相关专家学者和教师团队共同参与。会议上可以就评价标准的设计理念、指标体系、评价方法等方面进行深入的讨论和交流，充分听取各方意见和建议，争取达成共识。通过讨论和交流，可以发现评价标准存在的问题和不足之处，并寻求解决方案，为评价标准的最终确定提供科学依据。

（4）专家意见的整合和汇总

需要对专家意见进行整合和汇总，形成综合性的评价标准设计方案。这需要综合考虑各方意见和建议，权衡利弊，确保评价标准的科学性、实用性和可操作性。整合汇总阶段需要注重专家意见的权威性和可行性，以达到评价标准制定的最佳效果。

3. 实地调研

通过实地调研，评价标准的制定者可以深入了解学生的实际学习情况和教学实践的具体情况，从而更加准确地把握教学需求和评价要求，为评价标准的制定提供科学依据和支持。首先，实地调研可以帮助评价标准的制定者深入了解学生的学习情况。通过走访学校和观摩课堂，他们可以直观地观察学生的学习状态、学习方式和学习动态。他们可以了解学生在语文学习中存在的困难和问题，以及他们对教学内容和方法的反应，从而更好地把握学生的学习需求和教学状况。其次，实地调研还可以帮助评价标准的制定者深入了解教师的教学实践情况。通过观摩课堂和听取教师的意见，他们可以了解到教师的教学方式、教学内容和教学策略等方面的情况。他们可以发现教学中存在的问题和不足之处，了解教师对于评价标准的期望和建议，为评价标准的制定提供有益的参考和支持。最后，实地调研还可以帮助评价标准的制定者深入了解学生和教师的实际需求。通过与学生和教师进行面对面的交流和沟通，他们可以直接了解到他们的想法、意见和建议。这些信息可以帮助评价标准的制定者更好地把握评价的重点和方向，确保评价标准能够真正贴近实际需求，发挥最大的效益。

（二）语文教学评价标准的修订

评价标准的修订是保持其与时俱进、适应教学发展需求的重要手段，其主要步骤包括：

1. 定期评估

评价标准的修订首先需要对当前标准的有效性和实施情况进行定期评估。这需要收集和分析教学实践数据和评价结果，发现现有标准可能存在的问题和不足之处，为后续的修订工作提供依据和方向。

2. 专家讨论

在评估的基础上，需要邀请语文教学领域的专家学者和从业者进行讨论和研究。这些专家可以根据最新的学科研究成果和实践经验，提出修订建议，并进行专业性的讨论和论证。他们的参与可以保证修订工作的科学性和有效性。

3. 广泛征求意见

修订评价标准的过程中，需要广泛征求教师、学生、家长等相关人士的意见和建议。可以通过开展座谈会、发放调查问卷（附录二）等形式，听取各方面的意见和建议。这样做有助于增强评价标准的针对性和实效性，使其更加贴近实际教学需求和实际情况。

第四节 高中语文考试改革的方向与措施

一、考试形式与内容的调整

（一）考试形式的多样化

高中语文考试形式的多样化是确保全面评价学生语文能力和综合素养的关键。传统的笔试形式虽然能够考查学生的语文文字表达能力，但单一的考试形式可能无法全面反映学生的语言综合素养。因此，引入口试和实践性考核等多元化形式是必要的。

1. 口试环节的增加

在传统的笔试形式之外，引入口试环节可以更好地反映学生的语言实际运用能力，促进学生全面发展。首先，口试环节可以直接考查学生的口头表达能力。语文教学不仅仅是对文字的理解和书面表达，更包括对语言的口头运用能力。通过口试环节，学生可以面对面地展示自己的口语表达能力，包括语音语调、词汇选择、语法运用等方面。这有助于评价学生的语言交际能力和表达能力，真实地反映学生的语文水平。其次，口试环节可以培养学生的自信心和表达能力。在口试环节中，学生需要站在台前，面对评委和同学们进行口头表达，这有助于培养他们的自信心和胆识。通过反复练习和实践，学生可以提高自己的演讲能力和表达能力，增强自信心，有利于他们在未来的学习和工作中更好地与他人沟通交流。最后，口试环节可以促进学生的语言交流和思维能力。在口试过程中，学生需要针对特定话题展开口头表达，这要求他们具备一定的语言组织能力和逻辑思维能力。通过口试环节，学生可以锻炼自己的思维敏捷性和逻辑推理能力，提高语言表达的准确性和流畅度，培养综合素养。

2. 实践性考核的引入

传统的笔试形式虽然能够考查学生的文字表达能力和阅读理解能力，但实践性考核则能够让学生在实际操作中运用所学的语文知识，更贴近现实生活和工作场景，具有更强的针对性和实用性。首先，实践性考核能够促进学生的主动学习和创造性思维。通过设计实践性任务，如写作文、编辑文章、制作报告等，学生需要主动动手完成任务，在实践中不断探索和思考，从而提高他们的创造性思维能力和解决问题的能力。与传统的笔试相比，实践性考核更能够激发学生的学习兴趣，增强他们的学习动力。其次，实践性考核有助于培养学生的综合能力。在实践性任务中，学生不仅需要运用语言文字表达能力，还需要具备信息搜索、整理和分析能力，以及创意思维和团队合作能力等。这些能力是现代社会所需的重要素质，通过实践性考核的培养，能够更好地满足学生综合发展的需求。最后，实践性考核可以更好地评价学生的综合素养。在实践性任务中，学生需要将语文知识与实际情境相结合，综合运用多种能力完成任务。评价者可以从多个角度对学生的表现进行评价，全面了解学生的综合素养水平，为学生提供个性化的指导和帮助。

（二）内容贴近实际

高中语文考试内容的贴近实际是保证考试有效性和实用性的重要保障。考试内容应当紧密结合学生的实际生活和学习需求，注重语文知识与实践的结合，引导学生将所学的语文知识运用到实际生活中去，提高他们的语文素养和社会责任感。

1. 与时事相关的文本材料

时事新闻报道、评论文章等可以作为考试材料的来源，为学生提供与当下社会热点相关的信息和议题，有助于拓宽他们的知识视野，培养他们的社会责任感和批判性思维能力。首先，引入与时事相关的文本材料能够增强学生对社会现实的了解。时事新闻报道涵盖了各个领域的社会事件和问题，通过选择与学生生活密切相关的新闻话题，可以引导学生了解当下社会发展的动态和变化，加深他们对社会现实的认识。其次，这些文本材料能够促进学生的思辨能力和批判性思维。时事新闻涉及的议题往往具有多样性和复杂性，学生需要在阅读和分析新闻报道或评论文章的过程中，进行思考和评价，形成独立的观点和见解。这种思辨性的阅读和思考能力是学生在解决实际问题和面对复杂情境时必备的能力。最后，引入与时事相关的文本材料还可以培养学生的社会责任感和公民意识。通过关注社会热点问题，学生可以认识到自己作为公民的责任和义务，激发他们参与社会实践、关注社会问题的积极性，培养他们的社会责任感和公民素养。

2. 实用性任务设计

设计实用性任务是提高语文考试内容实用性的重要手段之一。这些任务旨在让学生在解决实际问题的过程中运用语文知识，促进他们的学习兴趣和实际应用能力的提升。首先，写作任务是一种常见的实用性任务设计。通过给定某一社会现象或问题，要求学生进行分析和评论，可以锻炼学生的思维逻辑能力和文字表达能力。例如，可以设计一道写作题目，要求学生就当前社会热点话题或校园生活中的问题发表自己的见解，并提出合理的观点和建议。这样的任务设计不仅可以考查学生的语言组织能力和观点表达能力，还能够培养他们的社会责任感和批判性思维能力。其次，设计阅读理解题目也是一种实用性任务设计的方式。通过选择某一实用性文本，如新闻报道、说明文、广告等，要求学生阅读并回答相关问题，可以培养他们的阅读理解能力和信息处理能力。例如，可以设计一篇新闻报道，描述某一社会事件或现象，要求学生阅读并回答相关问题，分析事件的原因和影响，从中获取有用信息并做出合理的判断和评价。这样的任务设计有助于学生将语文知识运用到实际情境中，提高他们的实际应用能力和解决问题的能力。

二、考试过程与结果的反馈与改进

（一）考试过程的反馈

在高中语文考试过程中，及时有效地给予学生反馈是提高他们学习水平和能力的重要环节。

1. 考试结束后的复习讲评

通过对试卷中的难点和易错题进行详细解析，可以帮助学生深入理解知识点，掌握解题方法，提高他们的学习水平和应试能力。首先，复习讲评活动应该注重对试卷中难点的解析。这些难点可能涉及知识的深度、逻辑的复杂性等方面，需要教师对其进行详细讲解，引导学生逐步理解和掌握。例如，对于一些抽象概念或复杂题型，可以通过举例说明、逻辑分析等方式，帮助学生理清思路，掌握解题技巧。其次，复习讲评活动还应关注试卷中的易错题。这些题目可能是学生容易忽略或理解错误的部分，需要教师针对性地指出错误，并给予正确的解答方法和技巧。通过分析学生的错误原因，可以帮助他们认识到自己的不足之处，及时调整学习方法和策略，避免类似错误的再次发生。

在进行复习讲评活动时，教师应该注重启发学生的思考和提高他们的问题解决能力。可以引导学生参与讨论，分享解题经验，互相学习，共同进步。同时，还可以通过激发学生的学习兴趣和动力，促使他们在学习中保持积极的态度和态度。

2. 个性化反馈

首先，个性化反馈应该根据学生的试卷表现进行。教师可以仔细分析学生的试卷，发现其在语言表达、阅读理解、写作等方面存在的具体问题。例如，对于语言表达不清晰的学生，可以指出其措辞不当、表达不够准确的地方；对于阅读理解能力较弱的学生，可以分析其阅读理解的思路和方法，提供相应的改进建议。其次，个性化反馈应该提供具体的学习建议和改进方法。教师可以针对学生的问题，提供相应的学习策略和方法，帮助他们更好地解决困难，提高学习效果。例如，针对语言表达不清晰的学生，可以建议其加强词汇积累和语言表达训练；针对阅读理解能力较弱的学生，可以建议其多阅读、多练习，并注重提高阅读理解的方法和技巧。最后，个性化反馈应该注重与学生的沟通和互动。教师可以与学生进行面对面的交流，了解他们的学习需求和困惑，耐心解答他们的问题，激发他们的学习兴趣和动力。通过与学生的互动，教师可以更好地了解其个性化的学习特点和需求，为其提供更加精准的指导和支持。

3. 学习方法和策略的调整

首先，教师应该帮助学生分析错误的根本原因。这可能涉及学生的认知、技能掌握、解题策略等方面。通过深入的分析，教师可以帮助学生找到造成错误的根本原因，从而有针对性地进行改进。其次，教师应该指导学生调整学习方法和策略。根据错误的类型和原因，教师可以向学生提供相应的学习方法和策略。例如，如果学生在阅读理解中经常出现错误，可能是因为缺乏有效的阅读策略，教师可以引导学生学习阅读技巧，提高阅读理解能力；如果学生在写作中存在问题，可能是因为表达能力不足，教师可以建议学生多进行写作训练，积累写作经验，提高表达水平。最后，教师应该监督和指导学生在实践中应用调整后的学习方法和策略。只有通过实际练习和应用，学生才能真正掌握和运用新的学习方法和策略。因此，教师应该在学生的学习过程中给予及时的指导和反馈，帮助他们不断地调整和改进学习方法，逐步提高解题效率和正确率。

（二）结果的改进

1. 分析学生的表现和问题

首先，分析试卷是了解学生表现的重要途径之一。通过仔细研究学生的答卷情况，教师可以发现学生在不同题型和知识点上的表现情况。例如，通过阅读学生的作文，教师可以了解学生的语言表达能力、逻辑思维能力和写作技巧，从而发现他们在写作过程中存在的问题和不足之处。同时，分析选择题的答题情况可以帮助教师了解学生对语文知识的掌握程度，发现他们在阅读理解、词汇应用等方面存在的困难和错误。其次，统计成绩也是评估学生表现的重要手段之一。通过统计学生的得分情况，教师可以发现学生在整体水平上的优势和不足。例如，教师可以对学生的平均分、及格率、优秀率等指标进行统计分析，以了解学生整体水平的分布情况。同时，教师还可以对不同学生群体（如男女生、不同班级等）的成绩进行比较分析，发现存在的差异和问题，从而制定针对性的教学策略。

2. 制定个性化改进计划

针对学生的不同情况，制定个性化的改进计划是教学中的重要举措。这样的计划旨在根据每位学生的学习状态和需求，为其提供针对性地指导和支持，从而帮助他们更好地提高语文水平和解决学习中的问题。

对于表现较好的学生，个性化改进计划可以着重在拓展阅读和写作练习方面展开。这些学生已经具备了较高水平的语文基础，因此可以通过阅读更多的文学作品、报刊以及专业书籍来进一步提高自己的语言素养和阅读理解能力。同时，针对性地写作练习可以帮助他们更好地运用所学知识，提高语言表达能力和写作技巧。教师可以为这些学生设计更具挑战性和深度的写作任务，例如议论文、短篇小说创作等，以激发其创造性思维和表达能力。

对于存在较多问题的学生，个性化改进计划则需要更多的一对一辅导和针对性指导。针对这些学生可能存在的阅读理解能力不足、写作表达能力较弱等问题，教师可以通过与他们密切互动，了解其学习困难的具体原因，并针对性地开展辅导。例如，针对阅读理解能力较弱的学生，可以采取分步骤的阅读指导方法，引导其逐步掌握阅读技巧和策略；对于写作能力较弱的学生，可以通过模仿写作、逐步练习等方式，帮助他们提高写作水平。此外，及时地反馈和指导也是关键，教师可以定期与这些学生进行个别会谈，向他们提供学习建议和改进方向，鼓励他们持续努力和进步。

3. 监督和跟进

通过有效的监督和跟进措施，教师可以及时了解学生的学习进展和存在的困难，进而调整和优化改进策略，确保学生能够取得良好的学习效果。首先，教师可以定期组织学习小组讨论。在这些讨论中，教师可以与学生一起回顾他们的学习进展，了解他们在执行个性化改进计划过程中遇到的问题和困难。通过学生之间的交流和分享，可以促进彼此之间的学习，激发学生的学习兴趣，同时也可以为教师提供宝贵的信息，帮助其更好地指导学生。其次，教师可以进行个别辅导。针对个别学生的情况，教师可以进行一对一的辅导和指导，帮助他们解决学习中的困惑和问题。通过与学生面对面地交流，教师可以更深入地了解学生的学习情况和需求，为他们提供个性化的指导和支持。这种个别化的辅导不仅可以帮助学生解决学习上的困难，还可以增强师生之间的互动和沟通，建立起良好的师生关系。

除此之外，教师还可以通过定期的学习评估和反馈来监督学生的学习进展。通过对学生的学习成绩、作业完成情况等方面进行评估，教师可以了解学生的学习情况和表现，并根据评估结果调整和优化个性化改进计划。同时，及时向学生反馈评估结果，指导他们在学习上的改进和提高，激励他们保持学习的积极性和动力。

参考文献

[1] 孙美英.核心素养视域下"对话式"教学模式在高中语文课堂中应用的思考 [J].语文教学之友，2023，42（8）：41-43.

[2] 梁梅.浅论高中语文"四合一"对话式阅读教学模式 [J].汉字文化，2019（24）：104-105.

[3] 李知恩.高中语文课堂情境教学设计优化研究 [J].华人时刊（校长），2022（10）：82.

[4] 郝晓军.探讨新课改背景下的高中语文诗歌情境教学 [J].中学课程辅导，2022（24）：42.

[5] 黄志山.关于高中语文课堂情境教学的实践 [J].名师在线，2022（12）：25.

[6] 陈伟.高中语文情境教学的实践与探索 [J].中学课程资源，2022（4）：5.

[7] 王连云.多媒体教学让高中语文精彩绽放的路径探索 [J].中国教育技术装备，2015（21）：122-123.

[8] 李晓田.多媒体技术在语文教学中的应用 [J].电子技术，2021，50（6）：178-179.

[9] 满友华，秦佑霞.成才视野下的高中语文多媒体教学探索 [J].中国新通信，2016，18（17）：140.

[10] 于洋.浅谈高中语文课堂与信息技术的有机融合 [J].科学咨询（教育科研），2021（3）：177-178.

[11] 赵慧单.高中语文多媒体教学的优势、应用误区和合理应用 [J].信息记录材料，2018，19（5）：155-156.

[12] 舒耘华，韩再峰，高春燕.核心素养培养背景下体验式阅读教学的价值意蕴 [J].镇江高专学报，2024，37（1）：91-93.

[13] 张宇菲.单元统整视角下高中语文大单元作业设计探究：以统编版高中

语文必修下册第二单元作业设计为例 [J]. 福建教育学院学报，2023，24（12）：24-26.

[14] 庄松辉 . 高中语文教学融合劳动教育的价值与路径 [J]. 福建教育学院学报，2023，24（12）：27-29.

[15] 朱一凡 . 基于情境创设的高中语文大单元教学探索 [J]. 语文教学通讯·D刊（学术刊），2023（12）：23-25.

[16] 刘天中 . 核心素养背景下的文言文细读教学研究：以教学《兰亭集序》为例 [J]. 语文教学通讯·D刊（学术刊），2023（12）：81-83.

[17] 邱锬霞 . 核心素养导向下的高中语文课堂结构优化策略 [J]. 启迪与智慧（上），2024（03）：18-20.

附　录

附录一　学习反馈问卷

尊敬的同学：

为了更好地了解您在学习过程中的情况和需求，我们特别设计了以下学习反馈问卷，请您认真填写，您的反馈对我们提高教学质量和帮助学生解决学习困难至关重要。所有填写内容将被严格保密，仅用于教学改进和个性化辅导。

个人信息（可选填）

姓名：_____

年级：_____

班级：_____

课堂教学

1. 对于本学期的课堂教学内容，您的理解程度如何？

□ 非常理解

□ 较为理解

□ 一般

□ 需要加强理解

2. 您对教师的讲解方式和教学方法是否满意？

□ 非常满意

□ 比较满意

□ 一般

□ 不太满意

□ 很不满意

3. 您在课堂上是否能够积极参与和表达自己的看法？

□ 经常参与

□ 偶尔参与

□ 不太参与

□ 不参与

4. 学习方法

您在学习过程中通常采用的学习方法有哪些？

您认为哪些学习方法对您最有效？

是否有学习方法上的困难或需要改进之处？

□ 是

□ 否（如果是，请说明）：＿＿＿＿＿＿＿＿＿＿＿＿＿

5. 教学活动

您对教学活动（如小组讨论、实验课、课外拓展等）的参与程度如何？

□ 非常积极

□ 比较积极

□ 一般

□ 不太积极

□ 不积极

6. 您认为哪些教学活动对您的学习效果最有帮助？

＿＿＿＿＿＿＿＿＿＿＿＿＿＿＿＿＿＿＿＿＿＿＿＿＿＿＿＿＿

＿＿＿＿＿＿＿＿＿＿＿＿＿＿＿＿＿＿＿＿＿＿＿＿＿＿＿＿＿

＿＿＿＿＿

7. 是否有对于教学活动的建议或意见？

＿＿＿＿＿＿＿＿＿＿＿＿＿＿＿＿＿＿＿＿＿＿＿＿＿＿＿＿＿

＿＿＿＿＿＿＿＿＿＿＿＿＿＿＿＿＿＿＿＿＿＿＿＿＿＿＿＿＿

＿＿＿＿＿

感谢您的配合和反馈！您的意见对我们非常重要。

附录二　调查问卷样本

尊敬的教师、学生和家长：

您好！为了不断提高语文教学评价标准的科学性和实效性，我们诚邀您参与本次评价标准的修订工作，您的意见和建议对我们非常重要。请您抽出一点时间填写以下调查问卷，谢谢您的配合！

一、基本信息（请勾选适用选项）

1. 您是一位（　）

（1）教师

（2）学生

（3）家长

2. 您所在的学校（或班级）是（　）

（1）高中

（2）初中

（3）小学

二、对当前语文评价标准的评价

请您根据您的实际经验和感受，对以下问题进行评价，并提出您的意见和建议。

1. 您认为当前语文评价标准的科学性如何？（请简要说明您的理由）

_____

2. 您认为当前语文评价标准的公正性如何？（请简要说明您的理由）

_____

3. 您认为当前语文评价标准是否能够准确反映学生的语文水平和能力？（请简要说明您的理由）

_____

三、对评价标准的修订建议

请您提出对当前语文评价标准的修订建议，包括但不限于评价维度、评价方法、评分标准等方面。

_____

_____

请您根据实际情况填写以上调查问卷，您的意见和建议将会被认真收集和分析，并对评价标准的修订工作产生重要影响。

再次感谢您的参与和支持！